코리아
디스카운트를 넘어
코리아
프리미엄으로

코리아 디스카운트를 넘어
코리아 프리미엄으로

발행일	2025년 7월 1일
지은이	이범수
펴낸이	손형국
펴낸곳	(주)북랩
편집인	선일영
편집	김현아, 배진용, 김다빈, 김부경
디자인	이현수, 김민하, 임진형, 안유경
제작	박기성, 구성우, 이창영, 배상진
마케팅	김회란, 박진관
출판등록	2004. 12. 1(제2012-000051호)
주소	서울특별시 금천구 가산디지털 1로 168, 우림라이온스밸리 B동 B111호, B113~115호
홈페이지	www.book.co.kr
전화번호	(02)2026-5777
팩스	(02)3159-9637
ISBN	979-11-7224-718-8 03320 (종이책) 979-11-7224-719-5 05320 (전자책)

잘못된 책은 구입한 곳에서 교환해드립니다.
이 책은 저작권법에 따라 보호받는 저작물이므로 무단 전재와 복제를 금합니다.
이 책은 (주)북랩이 보유한 리코 장비로 인쇄되었습니다.

(주)북랩 성공출판의 파트너

북랩 홈페이지와 패밀리 사이트에서 다양한 출판 솔루션을 만나 보세요!

홈페이지 book.co.kr • 블로그 blog.naver.com/essaybook • 출판문의 text@book.co.kr

---

작가 연락처 문의 ▶ ask.book.co.kr

작가 연락처는 개인정보이므로 북랩에서 알려드릴 수 없습니다.

코스피 5000 시대를 위한 제언

코리아 디스카운트를 넘어 코리아 프리미엄으로

이범수 지음

**K-팝은 프리미엄인데, 왜 K-주식은 여전히 떨이인가?
침묵하는 시장을 바꾸려면, 법부터 바꿔야 한다!**

이제 '총수 공화국'을 넘어 '투자자 공화국'으로
30년 시장 경험자가 제시하는 한국 증시의 진단과 해법

--- 머리말 ---

"우리는 기업을 소유한 것이 아니다. 후대에 물려주기 위해 돌볼 뿐이다."

— 발렌베리 가훈

    기업 이사의 충실 의무 대상을 '회사'에서 '회사와 주주'로 확대하는 상법 개정안이 2025년 3월 13일, 국회 본회의를 통과했습니다.
    우리나라는 알짜 사업부를 떼어내 쪼개기 상장하고 핵심 계열사를 총수 회사와 헐값에 합병하고, 기업 승계를 위해 의도적으로 주가를 떨어뜨리는 일이 비일비재합니다. 소액주주는 피눈물을 흘리면 국장을 탈출합니다. 선진 자본 시장에서는 상상도 할 수 없는 일입니다.
    이는 코리아 디스카운트(한국 주식 저평가) 주원인입니다. 코리아 디스카운트로 코스피200 기업의 주가수익비율(PER)과 주가순자산비율(PBR)은 선진국은 물론 신흥국보다도 낮습니다. 주식 투자자라면 다 아는 얘기입니다.
    한국경영자총협회와 국민의힘은 반대하지만 상법 개정안은 자본

시장 선진화를 위해 꼭 필요합니다. 오죽하면 윤석열 대통령이 임명한 검사 출신 이복현 금융감독원장마저 상법 개정안 통과를 위해 "직을 걸겠다"고 공언하겠습니까?

2017년 헌재의 박근혜 탄핵 사유에는 삼성 이재용의 경영권 승계의 관건인 삼성물산·제일모직 합병을 찬성하라고 박 대통령이 국민연금공단에 지시한 행위도 들어 있었습니다. 기업을 불법적으로 대물림하기 위해 대통령에게 뇌물을 바친 혐의로 이재용은 구속되었습니다.

당시 언론은 박근혜 정부의 국정 농단을 최순실(개명 후 최서원)이 지적 능력이 떨어지는 박근혜를 이용하여 사익을 도모한 '박근혜·최순실 게이트'라고 명명했습니다.

법원은 '정치권력과 자본 권력의 부도덕한 밀착이 사건의 본질'이라고 판결했습니다. 실제로 국정 농단을 기획하고 교사한 주범은 이재용과 최순실이라고 해석할 수 있습니다. 국정 농단을 통해 이재용이 취한 이득이 훨씬 많았기 때문입니다. 이 사건은 '이재용·최순실 게이트'라고 불러야 마땅하다는 말이 나왔습니다. 자본 권력에 포획된 언론이 이재용을 위해 주범과 종범을 바꿔치기했다는 주장입니다.

재벌이라고 부르는 대기업집단은 산업화 시기에 해외 시장을 개척하고 고용을 창출하여 우리나라가 빈곤에서 탈출하는 데 크게 공헌했습니다. 지금도 한국 경제를 주도합니다. 그에 못지않게 경제력 집중과 후진적 지배 구조로 구조적 비효율과 경제 범죄, 사익 편취 등 폐해도 막대합니다.

경제정의실천연합에 따르면, 2022년을 기준으로 5대 재벌 총자산은 1,325조 원으로 우리나라 GDP 2,162조 원의 61%를 차지합니다. 2007년 32%에서 15년 만에 두 배 가까이 높아졌습니다. 매출액은 974조 원으로 GDP의 45%를 차지합니다. 현대차그룹은 토지 자산만 25.5조 원 보유하고 있습니다. 2007년에 비해 4.8배 증가했습니다.

재벌 기업은 불공정 거래로 경쟁과 효율성을 저해하고, 기술 탈취와 단가 후려치기로 기업가 정신이 충만한 창업 기업의 싹을 자르고 있습니다.

총수 일가는 지분은 적지만 후진적 지배 구조로 계열사 전체를 지배합니다. 경영진은 총수 일가 이익을 우선하여 일반 주주 이익을 침해합니다. 그룹 자산을 땅굴 파기(tunneling)로 총수 일가 지분이 많은 계열사로 옮기거나, 일감 몰아주기로 회사 이익을 총수 일가에 집중하고 있습니다.

일부 재벌 총수는 통제받지 않는 막강한 권한을 행사하고 협력업체에 갑질을 합니다. 경영 능력도 도덕성도 없는 총수 일가는 초고속으로 승진합니다. 기업은 적자인데 총수와 특수관계인인 임원에게는 터무니없이 많은 보수를 지급합니다.

막대한 부를 손에 넣은 재벌 총수 일가는 법조계, 정치권, 언론까지 장악하여 불법과 부정부패를 거리낌 없이 자행합니다.

올해 1월 19일, 글로벌 컨설팅사인 에델만(Edelman)에 따르면, 정부와 기업, 언론 등 전체 신뢰도에서 한국은 28개국 중 27위를 기록했습니다. 기업 신뢰도는 28개국 중 꼴찌였습니다.

2014년 12월 결산 기준으로, 우리나라 기업의 주식을 보유한 국내 개인 투자자는 1,410만 명입니다. 성인의 약 3분의 1이 국내 기업에 투자하고 있습니다. 국민의 노후 자금을 관리하는 국민연금은 2025년 2월 말을 기준으로 국내 증시에 153조 원을 운용하고 있습니다. 사실상 전 국민이 국내 증시에 직간접적으로 투자하고 있습니다. 이렇게 많은 사람이 돈을 넣었는데 국내 주식으로 돈을 벌었다는 국민은 거의 없습니다. 코리아 디스카운트가 심각하기 때문입니다.

2000년대부터 한국 문화가 전 세계를 사로잡고 있습니다. 세계인이 한국 음악을 듣고, 한국 드라마를 보고 한국 음식을 먹습니다. 민주주의도 한국입니다. 국정을 농단하거나 내란을 일으키면 법 절차에 따라 독재자를 평화적으로 쫓아냅니다. 세계가 찬사를 보내고 있습니다. K-민주주의입니다.

K-팝, K-드라마, K-푸드, K-뷰티, K-웹툰 등 K 브랜드는 막강합니다. 세계 젊은이에게 K 브랜드는 매력의 상징입니다. K가 붙으면 프리미엄이 붙습니다.

주식은 예외입니다. K-팝이 세계로 뻗어가기 시작한 2000년대 초부터 디스카운트 딱지가 붙어 나라 체면을 구깁니다. 한국 기업은 제값을 받지 못하고 있습니다. 한국 주식은 떨이입니다.

파면된 윤석열을 이어 새로운 정부가 들어섰습니다. 우리는 어떤 나라를 만들어 후손에게 물려주고 싶은지 이야기하기 시작했습니다. 여기에서 부를 창출하고 일자리를 만드는 주역인 기업과 주식

시장이 빠질 수 없습니다.

이 책은 주식 투자자 1,400만 시대에 국민이 사랑하고 응원하는 기업을 만들어 나가기 위한 법과 제도, 정책을 논합니다. 그런 기업을 만든다면 코리아 디스카운트는 코리아 프리미엄으로 바뀔 겁니다. '국장 탈출'이 아니라 '국장 복귀'가 지능순이 되고, 코스피 5000 시대를 열어, 한국 주식 시장에 투자한 내외국인 투자자 모두 밝게 웃는 미래를 앞당기는 데 이 책이 조금이라도 보탬을 줄 수 있기를 바랍니다.

2025년 6월 4일
이범수

차 례

머리말   5

1장   세습 기업, 스웨덴 발렌베리와 삼성은 어떻게 다른가?

01. 재단과 지주사로 지배하는 발렌베리   15
02. 보험 계약자 돈으로 지배 구조 유지하는 삼성   18
03. 투명 경영, 정당한 상속으로 신뢰 받는 발렌베리   20
04. 45억 원으로 7조 원을 만든 삼성   22
05. 애국, 인도주의, 장교 복무 발렌베리가   25
06. 군인은 가문의 수치? 신의 아들 삼성가   30
07. 독립 경영, 헌신적 사회 공헌, 발렌베리 재단   35
08. 총수 구속 모면용 사회 공헌? 삼성   39
09. 좌파 정부와 세습 기업의 대타협   42
10. 삼성과 발렌베리의 차이   47
11. 한국 재벌의 지배 구조   51

2장   코리아 디스카운트 해소 모범, 메리츠금융

01. 재벌가에서 드물게 소유 지배 구조 혁신한 메리츠금융   77
02. 순이익 50% 이상 주주환원   84
03. 한국판 버크셔 해서웨이   88
04. 물적분할, 쪼개기 상장으로 일반 주주 희생시키는 재벌 기업   94

3장 코리아 디스카운트의 실상

01. 코리아 디스카운트 원인 … 103
02. 재벌 거수기, 국민연금공단 … 110
03. 운 좋은 정자 클럽, 재벌 2세 … 114
04. 지배 주주 배만 불리는 사익 편취 … 124
05. 경제 범죄 종범, 사법부 … 132
06. 국가 공신력, 신인도 하락, 삼성물산·제일모직 합병 … 139

4장 문재인 정부 재벌 지배 구조 개선 정책의 실상

01. 정책 기조 … 149
02. 일반 주주에게 그림의 떡, 다중대표소송 … 152
03. 5%만 도입한 집중투표제, 임의 규정 전자투표제 … 155
04. 집행유예로 풀려나는 재벌 총수 … 160
05. 부칙으로 무력화한 지주회사 의무 지분율 상향 … 166
06. 자사주 마법은 윤석열 정부가 차단 … 174
07. 현대차 봐주기, 순환출자 규제 부칙 … 177
08. 해외 계열사 공시로 출자 구조 개선 … 180
09. 규제 대상 확대로 사익 편취 감시 … 184
10. 지주회사과 신설로 감시 강화 … 188
11. 의결권 행사 예외 허용으로 실효성 약화 … 191
12. 하위 규정으로 금융그룹 통합 감독 실효성 약화 … 196

5장 윤석열 정부 재벌 정책

01. 문재인 정부 실패 원인과 윤석열 정부 정책 기조   205
02. 동일인 친족 범위 완화로 총수 혜택   209
03. 가업상속공제 완화로 기득권 세습   212
04. 일감 몰아주기 증여의제 폐지로 부 대물림   214
05. 재벌 사면 남발로 부패 조장   217
06. 기업 자율에 맡긴 코리아 밸류업   223

6장 코리아 프리미엄을 위한 제안

01. 이사회 충실 의무는 글로벌 스탠다드   231
02. 감사위원 2인 이상 분리 선출   240
03. 소수 주주의 과반 결의(MoM)   249
04. 지나치게 많은 총수 보수 제한을 위한 세이온페이   256
05. 한국에만 있는 경영권 프리미엄 해소를 위한 의무공개매수   278

참고 자료   291

1장

세습 기업, 스웨덴 발렌베리와 삼성은 어떻게 다른가?

01.
재단과 지주사로 지배하는 발렌베리

스웨덴은 국제투명성기구(Transparency International)의 부패인식지수(Corruption Perceptions Index) 조사에서 매년 상위 5위 안에 들 정도로 부정부패가 적고 투명한 나라다.

정치 지도자는 물론이고 기업 경영자도 환경과 노동자 복지, 윤리 경영을 진지하게 논의할 정도로 공적 책임감이 강하다.

기후가 척박하고 내수 시장이 협소하여 무역 의존도가 높은 스웨덴은 우리나라와 비슷하게 몇몇 가문이 주요 기업을 소유, 지배하고 있다. 그중에서 발렌베리(Wallenberg) 가문이 소유한 발렌베리그룹은 국민 대다수가 사랑하고 응원하는 국민 기업이다.

발렌베리그룹에는 스웨덴 최대 금융사인 스톡홀름 엔스킬다 은행(SEB: Stockholm Enskilda Bank)을 비롯하여, 가전 회사 일렉트로룩스(Electrolux), 통신 회사 에릭슨(Ericsson), 산업용 장비 제조 기업 아트라스콥코(Atlas Copco), 상용차 전문 스카니아(Scania), 코로나 백신 개발로 유명한 아스트라제네카(Astra Zeneca) 등 우리나라 국민도 알 만한 세계적인 회사가 포진하고 있다.

스웨덴·덴마크·노르웨이 공동 항공사인 스칸디나비아 항공(SAS)과 북유럽 최대 발전 설비 엔지니어링 회사 아세아 브라운 보베리(ABB), 전투기 제조업체 사브(Saab)도 그룹 산하 기업이다.

▶ 발렌베리 그룹 산하 주요 계열사[1]

발렌베리그룹 매출액은 2010년 기준 1,100억 달러로 스웨덴 국내총생산(GDP)의 30%에 달하고 시가총액은 스웨덴 증시의 40%를 넘나든다. 고용 인력은 40만 명으로 스웨덴 인구의 4.5%를 차지한다.[2] 스웨덴 경제에서 발렌베리가 차지하는 비중은 한국에서 삼성과 SK, 현대자동차를 합친 것에 버금간다.

발렌베리그룹의 지배 구조 정점에는 재단이 자리 잡고 있다. 재단이 중간 지주사인 인베스터(Investor)와 파운데이션 애셋 매니지먼트(FAM)을 지배하고, 인베스터와 FAM은 각 계열사를 지배한다. 창

---

1) 발렌베리 홈페이지, https://www.wallenberg.com/en
2) 김광기, "발렌베리의 오너십 경영을 배우라", 월간중앙, 2012.4.19

업주 일가는 개인 지분이 없고 재단 지분을 통해 경영권을 이어받는다.

재단을 정점으로 구축한 기업 지배 구조는 전 세계에서 쉽게 찾아볼 수 있다. 덴마크의 칼스버그와 레고, 미국의 포드 등이 재단을 통해 경영권을 물려받는다. 이 나라에서는 차등의결권 제도가 있어 특정 가문이 재단을 통해 기업을 승계할 수 있다.

발렌베리그룹의 중간 지주사인 인베스터 이사회는 발렌베리 가문이 장악하고 있다. 이사회 의장직과 부의장 모두 발렌베리 가문이 맡고 있다. 나머지 이사도 발렌베리그룹 전문 경영인 출신이 대부분으로 친정 체제를 확실히 구축하고 있다. 그룹의 다른 축인 스톡홀름 엔스킬다 은행(SEB)의 이사회 의장도 발렌베리 가문이 맡고 있다.

> ▶ **용어 해설: 차등의결권**
>
> 기업 정관에 의거하여 주식 한 주당 의결권을 0.5에서 1,000까지 차등 부여하는 제도다.
> 차등의결권 주식을 발행하면 지배 주주나 경영진은 적은 지분을 가지고도 기업을 지배할 수 있다. 유럽 300대 상장 기업 중에 20%가 차등의결권 제도를 채택하고 있다.
> 차등의결권 주식은 보통주(Class A)보다 몇 배 많은 의결권을 가진 주식(Class B)으로 보통주와 함께 발행한다. Class B 주식은 대부분 대주주가 보유한다. 우리나라 상법은 1주 1표 원칙에 어긋나는 주식 발행을 원칙적으로 금지하고 있다.

02.
보험 계약자 돈으로
지배 구조 유지하는 삼성

삼성그룹의 지배 구조는 '이재용-삼성물산-삼성생명-삼성전자-기타 계열사'로 연결되는 피라미드식 출자 고리로 짜여 있다.

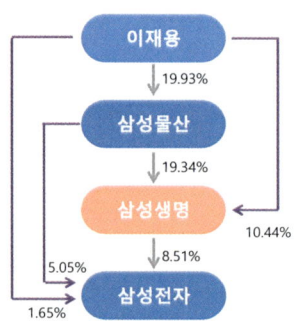

〈삼성그룹 지배 구조도〉

삼성그룹 지배 구조에서 가장 중요한 역할을 하는 회사는 삼성생명이다. 삼성생명은 단순한 금융 회사가 아니다. 삼성 계열사를 연결하여 이재용 일가가 삼성전자를 지배하게 만드는 핵심 고리다.

　금융 회사인 삼성생명은 비금융 계열사인 삼성전자를 지배하고 있다. 삼성생명은 삼성화재(15.43%)와 삼성카드(71.86%), 삼성증권(29.39%) 지분도 갖고 있다. 보험 계약자가 낸 돈으로 운영하는 삼성생명이 삼성그룹의 지배 구조를 떠받치고 있다. 보험 계약자 돈이 이재용 회장의 경영권 방어에 동원되고 있다.

　삼성전자 실적은 삼성그룹 전체에 영향을 미친다. 삼성생명과 삼성화재 등 금융 계열사도 삼성전자 주가에 따라 자산 가치와 건전성, 지급여력이 영향을 받는다. 삼성전자 주가가 떨어지면 삼성생명은 재무 건전성이 악화할 수밖에 없다.

　삼성생명이 삼성전자 주식을 보유하는 것은 이재용 회장의 지배력을 유지하기 위해서다. 이 회장은 삼성물산의 최대 주주로 지분을 19.93% 보유하고 있다. 삼성생명 지분은 10.44%를 가지고 있다. 삼성물산에 이어 2대 주주이다.[3]

　삼성그룹의 핵심 계열사는 삼성전자이다. 이 회장이 갖고 있는 삼성전자 지분은 1.65%에 불과하다. 삼성전자 최대 주주는 삼성생명으로 지분율이 8.51%이다. 2대 주주인 삼성물산은 5.05%이다. 이재용 회장은 삼성전자 지분을 2%도 갖고 있지 않지만 삼성물산과 삼성생명을 통해 경영권을 장악하고 있다.

---

3)　와이즈리포트, 2024년 12월 결산

03.
투명 경영,
정당한 상속으로 신뢰받는 발렌베리

　　　　　　　　스웨덴에도 반기업 정서가 있다. 세계적 가구 회사인 이케아(IKEA) 창업자 잉그바르 캄프라드(Ingvar Kamprad)는 세금을 회피하기 위해 스위스로 이주하여 여론의 뭇매를 맞았다.

　이와 대조적인 기업이 있다. 발렌베리다. 우리 사회에서 재벌 등 일부 세습 기업은 국민에게 지탄을 받는다. 발렌베리는 다르다. 5대째 세습 경영을 하지만 존경과 사랑을 받는다.

　막대한 부를 축적하고 경영권도 세습했는데 발렌베리가 존경을 받는 것은 지난 160년간 '기업의 생존 기반은 사회'라는 창업자 정신과 투명 경영, 사회 공헌을 실천했기 때문이다.

　정부가 주도적으로 차등의결권을 도입하여 외국인의 적대적 인수·합병을 막아 줄 만큼 스웨덴 정부와 국민은 발렌베리를 신뢰하고 지지한다.

　발렌베리는 골목 상권까지 침탈하는 한국 대기업과 달리 유통, 식품 등 중소기업형 사업은 쳐다보지도 않는다. 엄청난 부와 영향력을 갖고 있지만 증여나 상속을 하면서 변칙이나 불법을 저지른 적이 없다.

발렌베리는 재단을 통해 지주회사를 지배하지만, 지주회사 산하 기업의 경영 정보를 낱낱이 공개하여 투명 경영을 실천한다. 가문 구성원이 계열사 이사로 경영에 참여하지만 독립 경영 체제를 유지한다. 한국처럼 일감 몰아주기로 성장시킨 자회사를 상장하여, 막대한 시세 차익을 거두는 일은 상상조차 하지 않는다.

발렌베리는 경영인 우선주의를 바탕으로 능력 있는 전문 경영인에게 경영권을 일임한다. 기업의 사회적 책임을 철저하게 묻는 적극적 오너십도 실천하고 있다. 스웨덴의 모범적인 노사 화합 문화는 발렌베리가 솔선수범한 덕에 오랜 기간 유지되고 있다.

04.
45억 원으로
7조 원을 만든 삼성

　　　　　　　지난 1994년, 스물여섯 살이던 삼성 이재용은 부친 이건희 회장에게 61억 원을 받아 증여세로 16억 원을 내고 남은 돈 45억 원으로 기업 승계 작전에 착수했다.

　먼저, 우량 비상장 자회사인 에스원과 삼성엔지니어링 주식을 매입했다. 두 회사가 상장하자 주식을 팔아 563억 원을 벌었다. 이 돈으로 1996년 삼성그룹에서 지주회사 역할을 한 비상장 기업 에버랜드(현 삼성물산) 전환사채(CB) 125만 주 중에 62만 주를 주당 7,700원씩 48억 원에 인수했다.[4] 나머지는 그의 동생인 이부진, 이서현이 인수했다. 당시 에버랜드 주식은 장외 시장에서 주당 8만 5,000원에 거래되었다. 인수 가격이 시장 가격에 비해 매우 낮아 특혜 논란이 일었다.

---

4)　참여연대, "수조 원을 불린 이재용, 60억에 대한 세금을 문 것이 유일" 요약 정리, 2000. 12.4

에버랜드는 특수 관계 주주만으로 구성된 비상장 법인이다. 자본금은 98억 원에 불과하고 부동산과 계열사 주식이 많은데도 자산은 낮게 잡혀있는 알짜 기업이었다. 에버랜드는 지분 62.5%에 해당하는 전환사채를 이 회장 일가에게 96억 원에 발행했다.

이재용은 전환사채를 주식으로 전환하여 에버랜드의 지분 31%를 확보하여 지배 주주가 되었다. 2014년 에버랜드는 제일모직으로 사명을 변경했고 이듬해 제일모직은 삼성물산과 합병했다.

2015년 5월, 제일모직과 삼성물산은 삼성물산 주식 1주당 제일모직 주식 0.35주 비율로 합병했다. 삼성물산 3주를 제일모직 1주로 평가했는데 법원이 위법으로 판단하지 않았지만, 이 비율은 이재용 회장이 최대 주주인 제일모직에 지나치게 유리하다는 비판을 받았다. 제일모직은 자산이 삼성물산의 3분의 1, 매출은 5분의 1에 불과했지만, 기업 가치는 삼성물산보다 약 3배 높다고 평가했기 때문이다.

이재용은 제일모직과 삼성물산을 합병하며 그룹 지배권을 강화하여, 삼성물산의 최대 주주가 되었다. 비상장사 주식 매입과 상장, 전환사채 인수, 합병을 거치며 그의 자산은 21년 만에 수조 원대로 불어났다.

2019년 7월 참여연대는 〈이재용 부당 승계와 삼바 회계사기 사건에 관한 종합보고서〉를 내고, 이재용 회장이 합병으로 얻은 이익이 수조 원대에 달하고, 삼성물산 지분을 11.21%를 보유한 국민연금은 수천억 원을 손해 보았다고 추산했다.[5] 다만 법원은 합병과 관련한

---

5) 참여연대, '이재용 부당 승계와 삼바 회계사기 사건에 관한 종합보고서', 2019.7.15

형사 책임을 인정하지 않았다.

> ▶ **용어 해설: 전환사채**(Convertible Bond)
>
> 사채로 발행되었지만 일정 기간이 지나 사채권자가 요구할 때 미리 결정한 조건으로, 주식으로 전환할 수 있는 사채를 말한다. 전환사채는 주식처럼 가격이 변동하므로 사채권자는 이자 수입 외에 가격이 상승하면 차익을 얻을 수 있다.
>
> 전환사채는 기업이 신규 사업에 진출할 때 장기로 자금을 쉽게 조달할 수 있게 한다. 사업 수익성에 확신이 없으면 자금 공급자는 주식보다는 사채를 선호하기 마련이다. 안전성과 수익성이 높은 경우가 많기 때문이다.
>
> 전환사채를 발행하려면 정관 또는 정관 변경의 특별결의서로서 전환 조건, 전환으로 발행할 주식의 내용, 전환을 청구할 수 있는 기간 등을 정해야 한다.
>
> 전환사채 발행은 공모와 사모로 나눈다. 공모는 인수단을 구성하여 증권을 인수한 후 불특정 다수에게 판매하는 방식이다. 거래소 상장, 신고서와 사업설명서 제출 등 법적 장치를 수반하여 발행 관련 사항이 투자자에게 신속히 전달된다.
>
> 사모는 특정 소수 기관을 대상으로 모집하여 일반 투자자는 참여할 수 없고 발행 정보도 알 수 없다. 기존 일반 주주는 사모 전환사채가 주식으로 전환될 때 통상적인 신주인수권을 원칙적으로 봉쇄당하여 증자에 따른 불이익을 고스란히 떠안는다.[6]

---

6) 기획재정부 시사경제용어사전

05.
애국, 인도주의, 장교 복무 발렌베리가

발렌베리 가문은 1857년, 해군사관학교 출신인 앙드레 오스카 발렌베리(André Oscar Wallenberg)가 스웨덴 최초 근대적 상업은행인 스톡홀름 엔스킬다 은행(SEB)을 설립하여 성공을 거두면서 스웨덴 경제계에 등장했다.

경영 세습을 통해 장남 크누트 아가톤 발렌베리((Knut Agathon Wallenberg)와 이복동생 마르쿠스 발렌베리 시니어(Marcus Wallenberg Sr)가 가업을 이으면서 '2인 지배 체제'가 시작되었다. 3대째에 발렌베리는 야콥 발렌베리(Jacob Wallenberg)가 금융을, 마르쿠스 발렌베리 주니어(Marcus Wallenberg Jr.)가 산업을 담당하면서 기업 수를 늘려갔다.

4대 페테르(Peter Wallenberg)를 거쳐 현재 5대인 마르쿠스(Marcus Wallenberg)와 야콥(Jacob Wallenberg)이 그룹을 이끌고 있다.

지금은 30대 이하로 구성된 6세대 일가 30여 명이 발렌베리에서 근무하며 후계자 수업을 받고 있다.

▶ 경영 수업을 받는 발렌베리 6세대 후계자 후보[7]

  스웨덴 국민은 발렌베리 가문을 애국적이고 기품 있는 명문가로 평가한다. 발렌베리 가문에는 뛰어난 기업가 외에 국가에 봉사하거나 인도주의를 실천한 인물이 여럿 있기 때문이다.

  2대 발렌베리 크누트 아가톤(Knut Agathon)은 1차 세계대전 중에 스웨덴 외무부 장관직을 성공적으로 수행하여 국가에 공헌했다. 그는 자신의 국제 비즈니스 인맥을 활용하여 해외로 스웨덴 국채를 발행하는 데 기여했다. 장학 사업도 펼쳤다. 아내와 함께 재단을 설립하여 스톡홀름 경제 대학에 거액을 기부했다.

  스웨덴에서 가장 존경받는 인물인 4대 라울 발렌베리(Raoul Wallenberg)는 2차 세계대전 말 헝가리 주재 외교관이었다. 그는 나치

---

7)   발렌베리 홈페이지, https://www.wallenberg.com/en

치하에서 죽음을 무릅쓰고 헝가리 거주 유대인의 아우슈비츠 이송을 막아 무려 10만 명을 구했다. 스웨덴의 쉰들러라고 할 수 있다. 헝가리로 진격한 소련군은 그를 미국 정보기관의 첩자로 여기고 러시아로 이송했다. 그는 결국 고국에 돌아오지 못하고 사망했다.

6대 세습을 눈앞에 둔 발렌베리 가문은 독특한 후계자 선발 과정을 가동하고 있다. 발렌베리 그룹은 '가족 경영을 고수하지만 경영에 적합한 사람에 한정한다'는 원칙을 철저하게 지킨다.

창업자 앙드레 오스카 발렌베리는 자녀를 해군사관학교에 입학시켜 애국심을 고취하고, 세계 금융 중심지에서 경험과 능력을 쌓게 하는 치밀한 후계자 양성 과정을 설계했다. 후계자 후보들은 가문 내에서 서로 경쟁하며 철저하게 훈련받는다.

우선 후보자들은 국내외 명문대를 혼자 힘으로 졸업해야 한다. 학비든 생활비든 부모에 의존하면 자격을 박탈한다. 해군 장교로 군복무도 마쳐야 한다. 이런 자격을 갖춘 후손 중에 능력을 따져 경영권을 물려주는 전통을 확립했다.

장자 승계의 원칙은 없다. 사촌 형제끼리 선의의 경쟁을 벌인 뒤 가문이 합의하여 최고경영자를 선출한다. 경영권은 한 사람에게 물려주지 않는다. 현재 마르쿠스와 야곱처럼 한 명은 지주회사 회장, 다른 사람은 SEB 회장을 맡는 2인 체제가 기본이다. 기업 경영에 견제와 균형 원리를 도입했다.

▶ Jacob은 인베스터(Investor) 회장이며 발렌베리 인베스트먼트(Wallenberg Investments)와 FAM 그리고 패트리샤 인더스트리(Patricia Industries) 부회장이다. 에릭슨 부회장으로 통신업체도 경영한다. 펜실베이니아대 와튼 비즈니스 스쿨에서 MBA 학위를 취득했다.[8]

▶ Marcus는 발렌베리 인베스트먼트와 FAM, 패트리샤 인더스트리의 회장이며 인베스터, 나인틴 프라이빗 캐비털(Nineteen Private Capital), 크누트 앤 앨리스 발렌베리 재단의 부회장이다. 은행, 금융, 방위 산업, 사모펀드, 제약 산업 경영에도 참여한다. SEB 회장이고 EQT 부회장, 아스트라제네카 이사이다. 조지타운대에서 외교학을 공부했다.[9]

창업주인 앙드레 오스카 발렌베리는 은행을 설립하며 사업에 뛰어든 금융인이다. 창립한 지 이미 170여 년이 지났고 100여 개 회사의 지분을 가지고 있지만 발렌베리 가문은 금융업을 중시한다. 후계자는 세계적 금융 중심지에서 경력을 쌓아야 한다. 발렌베리 가문 경영자는 대개 뉴욕이나 런던에서 금융 실무를 익혔다.

---

8)   발렌베리 홈페이지, https://www.wallenberg.com/en
9)   발렌베리 홈페이지, https://www.wallenberg.com/en

후계자는 보통 10년 넘게 평가하여 걸러내며, 견제와 균형을 위해 두 명을 뽑는다. 선발한 두 후계자는 차례대로 산하 기업의 경영진으로 참여하며 경영 수업을 받는다. 마지막에는 그룹 지주회사인 인베스터와 그룹 모태인 SEB의 전문 경영인으로 활동한다. 이 과정에서 능력을 인정받으면 후계자로 최종 낙점한다.

06.
군인은 가문의 수치?
신의 아들 삼성가

삼성의 역사는 한국 경제 발전사 그 자체

　삼성그룹의 뿌리는 1938년 이병철 초대 회장이 자본금 3만 원으로 대구에 설립한 삼성상회다. 그는 중국과 만주를 대상으로 무역업을 시작하여 부를 축적했다. 이병철은 무역업 외에도 국수 제조업으로 큰돈을 벌었다. 당시는 일제의 미곡 수탈이 심해지면서 식량이 크게 부족했다. 삼성상회의 성공에 힘입어 1939년, 이병철은 조선양조를 인수했다. 양조업은 일제가 허가를 제한하여 이권이 큰 사업이었다. 1937년에 시작된 중일전쟁으로 모든 업종이 침체했지만 양조업은 호황 업종이었다.

　삼성은 해방 후 사업 무대를 영남에서 수도권으로 옮겨 1948년 서울 종로에 삼성물산공사를 설립했다. 이때부터 본격적으로 무역 사업을 확장하여, 1950년에는 국내 무역업계 1위로 올라섰다.

　이병철 회장은 1953년 CJ그룹 모태인 제일제당을, 1954년에는 제일모직을 설립했다. 1958년에는 안국화재를 인수하여 보험업에 뛰어들었고, 1963년 동화백화점을 인수해 신세계백화점으로 이름을 바꿨다.

1965년에 중앙일보를 창간하고 1967년에 세계 최대 단일 비료 생산 공장인 한국비료를 설립했다. 1969년 삼성전자 전신인 삼성전자공업을, 1974년은 한국반도체를 인수하여 반도체 사업에 뛰어들었다. 한국반도체는 1978년 삼성반도체로 이름을 바꾸었다.[10]

이병철 초대 회장의 삼남인 이건희 회장이 1987년에 2대 삼성 회장으로 취임한 후 삼성은 질적, 양적으로 크게 성장했다. 1996년 삼성자동차를 설립했고, 2007년에 삼성전자는 TV 판매 부문에서 세계 1위에 올랐다. 2013년에는 스마트폰 '갤럭시S' 시리즈가 글로벌 누적 판매량 1억 대를 돌파했다.

삼성의 역사는 한국 경제 발전사 그 자체라고 할 수 있다. 삼성은 해외 시장을 개척하고 고용을 창출하여 산업화와 경제 발전을 선도했다. 2024년을 기준으로 삼성 계열사는 60개가 넘는다. 매출 10조 클럽에 든 삼성전자, 삼성생명, 삼성디스플레이, 삼성물산, 삼성화재, 삼성SDI, 삼성증권을 포함하여 그룹 매출액은 400조 원에 달하고 30만 명에 가까운 직원을 고용하고 있다.

총수 일가의 영향력도 막강하다. 2005년 5월, 노무현 전 대통령이 "권력은 이미 시장으로 넘어갔다"고 한탄했듯이 삼성 총수의 권력은

---

10) 한국민족문화대백과사전 요약

대통령을 능가한다.

막강한 정치, 경제 권력을 쥔 삼성이지만 수십 년 동안 자행한 정경 유착과 비리는 우리 사회에 어두운 그림자를 드리웠다. 대표적 사례가 1966년 '한국비료 사카린 밀수'와 2007년 '비자금 조성', 그리고 2016년 '박근혜 정권 뇌물 공여' 사건이다.

'한국비료 밀수 사건'은 이병철 초대 회장이, '비자금 조성 사건'은 이건희 전 회장, '박근혜 뇌물 공여 사건'은 손자 이재용 현 회장이 일으켰다. 3대에 걸쳐 대형 기업 비리를 저질렀다.

삼성을 포함한 한국 재벌은 정부의 전폭적이고 지속적인 지원과 국민 희생을 밑거름으로 성장했다. 외자 특혜 배정, 해외 부채 정부 보증, 정책 금융을 통한 사업 자금 지원, 진입 장벽 설치를 통한 독과점 구축, 대대적인 노동 운동 탄압 등 특혜를 수십 년간 집중적으로 누렸다.

재벌은 특혜를 받으며 고속 성장하면서 비리와 부패도 끝없이 저질렀다. 삼성, 현대, SK, 롯데, 한화 등은 정경 유착과 횡령, 배임, 탈세, 뇌물 공여 등으로 감옥살이를 하지 않은 총수가 한 명도 없을 정도다.

경영권을 편법 승계하고, 공무원을 매수하고, 최고 권력자에게까지 뇌물을 공여하여 재판받는 '흑역사'가 지속되었다.

독보적인 병역 면제율

2006년 11월, 한국방송공사(KBS)가 7대 재벌 총수 일가의 병역 복무 대상자 147명을 조사한 결과, 일반인 병역 면제율은 6.4%인데 재벌가 면제율은 33%로 5배가량 높았다.

삼성가는 복무 대상자 11명 중에서 8명이 면제를 받아 73%로 재벌가 평균치를 크게 상회했다. 재계 순위뿐 아니라 병역 면제율에서도 삼성은 단연 독보적이었다.

이건희 전 회장은 병역 복무 여부가 명확하지 않다. 이재용은 허리디스크인 수핵탈출증을 사유로 면제받았다. 그는 첫 신체검사에서 1급 현역 판정을 받았으나 이듬해 재검에서 5급 면제 판정을 받았다.

이병철 초대 회장의 딸 이인희 한솔그룹 고문 아들인 조동혁, 조동만, 조동길 형제도 모두 면제를 받았다. 장기 유학 등이 사유였다.

이병철의 장남은 이맹희 씨다. 그의 아들 이재현 CJ그룹 회장과 손자 이선호 씨는 모두 유전병을 사유로 병역을 면제 받았다. 삼성가 방계인 새한미디어그룹의 이재관, 이재찬, 이재원 씨도 모두 면제다. 이병철의 딸 이명희 신세계그룹 회장의 아들 정용진 부회장은 과체중으로 제2국민역 판정을 받았다.

장교로 군 복무를 마쳐야 후계자 자격을 주는 발렌베리 가문과 달리 삼성 가문은 병역 면제를 받아야 후계자가 될 수 있다는 말이

나올 정도이다. 발렌베리는 어둠의 자식이 경영하고 삼성은 신의 아들이 지배한다.

07.
독립 경영,
헌신적 사회 공헌 발렌베리 재단

발렌베리그룹은 한국 재벌처럼 강력한 그룹 본부를 두고 계열사를 전략적·재무적으로 통제하지 않는다. 통일 브랜드나 기업 이미지(Corporate Identity)도 사용하지 않는다.

지주회사 체제이지만 유망한 기업에 투자하고 소유권을 바탕으로 이사를 파견하거나 추천하여 영향력을 행사한다. 경영진이나 임직원은 다른 계열사 경영에 관여하지 않는다. 자회사는 치열한 내부 경쟁을 거쳐 승진하거나 외부에서 영입한, 전문 경영인이 독립적으로 경영한다.

가문의 경영권 승계자는 지주회사와 스톡홀름 엔스킬다 은행만 직접 경영한다. 계열사의 경우 일반 이사로서 이사회에 참여하여, 전문 경영인이 독립 경영을 잘하는지 감시하고 지원한다. 기업이 심각한 위기에 빠지거나 인수·합병 등 명운을 가르는 전략적 결정을 내려야 할 때는 구원 투수로 등판한다.

발렌베리그룹의 소유자는 가문의 후계자가 아니다. 발렌베리 재단이다. 후손에게 경영권을 물려주지만, 재산을 가족에게 물려주지 않고 재단을 통해 상속한다.

5대 세습에도 국민적 저항 없이 가족 경영 체제를 유지한 것은 재단을 정점에 둔 피라미드식 소유 구조 덕택이다.

발렌베리 재단 이사회는 가문 구성원이 주도한다. 가문이 운영하는 공익재단은 약 20개다. 이 중에서 크누트-앨리스 발렌베리(Knut and Alice Wallenberg) 재단이 가장 크다. 이 재단은 2015년 7월 기준으로 이사 9명 중의 4명이 가문 구성원이다.

재단마다 지원하는 분야가 다르지만 대개 학계를 집중적으로 지원한다. 주로 자연과학, 공학, 의학을 지원한다. 사회과학과 인문학, 비영리 의료 기관이나 스포츠, 문화를 지원하는 재단도 있다.

발렌베리 가문이 160년간 축적한 부는 개인이 아니라 대부분 재단이 갖고 있다. 지주회사인 인베스터(Investor)의 지분은 15개 공익재단이 갖고 있다. 2013년을 기준으로 크누트-앨리스 발렌베리 재단은 인베스터 지분을 자본 기준으로는 19.57%, 의결권 기준으로 42.02%를 보유하고 있다.

마리안-마르쿠스 발렌베리 재단(Marianne and Marcus Wallenberg Foundation)과 마르쿠스-아말리아 발렌베리 재단(Marcus and Amalia Wallenberg Foundation)도 지분을 갖고 있다. 3개 재단이 보유한 지분은 자본 기준으로 23.29%, 의결권 기준으로 50.01%다.

발렌베리 가문은 세계적인 기업을 여럿 소유하고 있지만 후손은 거부가 아니다. 스웨덴 경제지 주간사업(Veckans affärer)이 2014년,

스웨덴 부자 147명을 공개했는데 발렌베리 가문은 아무도 이름을 올리지 못했다.

개인이 직접 보유한 주식이 없고, 배당금이나 자본 차익은 모두 공익재단에 귀속되어 계열사나 재단의 수익이 가문 구성원 수중으로 들어가지 않기 때문이다.

발렌베리 가문은 1909년, 북유럽 최초 경제 대학인 스톡홀름 경제 대학 설립을 주도하며 수많은 경영자를 길러냈다.

국가가 위기에 처하면 앞장서서 사회적 책임을 다했다. 1980년대 초 경제가 어려워지자 이케아는 절세를 위해 본사를 네덜란드로 옮겼다. 발렌베리 가문은 출혈을 감수하면서 스위스 등 조세피난처로 이전하지 않고 기업 경영으로 창출한 부를 사회에 환원했다.

발렌베리그룹은 매년 이익금의 80% 이상을 법인세로 납부한다. 발렌베리 재단 수익금도 전액 기초 기술과 학술 지원 등에 쓴다.

발렌베리는 '기업의 토대는 사회'라는 신념에 따라 대학, 도서관, 박물관을 건립해서 사회 전체가 혜택을 볼 수 있게 한다.

1917년에 설립한 크누트-앨리스 발렌베리 재단이 지금까지 기부한 금액은 2조 원이 넘는다. 2023년 23개 연구 사업에만 약 1,015억 원을 지원했다. 스웨덴에는 발렌베리 재단에서 연구비를 받지 않은 과학자가 한 명도 없을 정도다. 노벨상 위원회에도 거액을 기부한다.

발렌베리 가문은 '존재하지만 드러내지 않는다(Esse non videri)'는 가훈 아래 좀처럼 언론에 나오지 않는다. 어린 자녀에게는 특권보다는 의무와 책임을 다하도록 가르쳤다. 가문은 탈세나 사생활 등으로 사회적 물의를 일으킨 적이 없다.

스웨덴에서 공익재단은 수익금의 80%를 연구, 교육 분야에 써야 한다. 발렌베리가 수익을 많이 내면 스웨덴이 혜택을 받는다. 스웨덴 국민은 이를 잘 알기 때문에 발렌베리가 잘되기를 바라고 세습 경영을 인정한다. 발렌베리 가문의 경영 철학과 사회 공헌은 발렌베리 왕국을 백 년 넘게 유지, 발전시킨 원동력이다.

스웨덴 국민은 다른 대기업에도 비슷한 시각을 갖고 있다. 세습 경영과 경제력 집중을 부정적으로 바라보지 않는다. 발렌베리와 같은 가족 기업이 세계 시장에서 큰 수익을 창출하여 사회에 환원해 주길 바라고 응원한다.

08.
총수 구속 모면용 사회 공헌?
삼성

삼성은 매년 5,000억 원 이상을 사회 공헌 활동에 집행한다. 국내 최대 규모이다.

삼성은 인재 제일과 상생 추구라는 가치 아래 '함께 가요 미래로'라는 기업의 사회적 책임(CSR) 계획을 세우고, 매년 청년 2,300명이 소프트웨어 교육을 받는 '청년SW 아카데미'를 운영한다. 청소년 교육을 확대하고 장애인을 돕는 프로그램을 도입했다. 가전제품에도 노인을 돕는 기능을 탑재했다.

빌 & 멜린다 게이츠 재단 요청으로 물이나 하수 처리 시설이 없는 저개발 국가에서 사용이 가능한 신개념 화장실도 개발했다.

이건희 회장은 1991년부터 그룹 사장단에게 "선물 대신 임직원의 기부 활동 내역을 달라"고 할 정도로 사회 공헌 활동에 관심이 많았다. 자신이 받던 특례노령연금을 사회복지재단에 내놓았고, 감염병 극복을 위해 7,000억 원을 기부했다.[11]

---

11) 오진영, "MZ세대가 착한 삼성 열광하는 이유", 머니투데이, 2022.8.27

삼성의 사회 공헌 활동은 뿌리가 깊다. 1965년 이병철 회장은 전 재산 180억 원 중의 3분의 1을 기부해 삼성문화재단을 만들었다. 그다음 해 사카린 밀수 사건이 터졌다. 그는 구속되지 않았다. 회장에서 물러났다가 2년 후 복귀했다.

2006년 이건희 회장은 사재 8,000억 원을 털어 삼성장학재단을 설립한다고 발표했다. 언론은 삼성만 할 수 있는 결단이라고 칭송했다. 2005년 노회찬 전 의원이 삼성 X파일을 공개하면서 삼성 비자금을 조사할 특별검사를 임명하라는 여론이 들끓을 때였다. 김용철 변호사의 폭로에 힘입어 2007년 특검법이 국회를 통과하였고 2008년 4월 조준웅 삼성특별검사는 이건희 회장을 불구속기소 했다.

구속을 면한 이건희는 회장직에서 물러났다. 재판 결과, 이건희 회장은 2009년 8월에 징역 3년에 집행유예 5년, 벌금 1,100억 원을 선고받았다.

2009년 12월 이명박 대통령은 이건희 회장 단 한 사람을 위해 특별사면을 감행했다. 기업인 1명만을 사면한 일은 헌정사상 처음이었다. 국경일이나 기념일이 아닌 연말 사면도 전례가 없었다. 그는 곧바로 회장직에 복귀했다.

사면 명분은 올림픽 유치였다. 이명박 전 대통령은 "평창 올림픽을 유치하기 위해서는 IOC 위원인 이 회장이 꼭 필요하다는 체육계 전반, 강원도민, 경제계의 강력한 청원이 있었다"고 밝혔다. 이건희 회장은 1997년 노태우 대통령 비자금 사건으로 징역 2년에 집행유예 3년을 선고받은 뒤 특별 사면되었다. 특별 사면만 두 번 받았다.

정말 특별한 기업인이다.

　범죄를 저질러 구속이 거론되는 시점에 거액을 기부하여 공익법인을 설립한다. 빗발치는 여론에도 구속을 면한다. 잠시 회장직을 사임한다. 경제 회복이나 올림픽 유치를 명분으로 복귀한다.

　두 개 사건에서 읽을 수 있는 패턴이다. 선진국에서는 찾아볼 수 없는 행태다. 법적 판단은 나오지 않았지만 삼성의 사회 공헌 활동은 중죄를 저질렀는데도 구속을 피하고 사면을 받으려는, 총수를 위한 공헌 활동이라는 비판이 나왔다.

09.
좌파 정부와 세습 기업의 대타협

발렌베리는 1900년대 초, 은행 등이 일반 기업을 직접 지배하는 게 불가능해지자, 1916년 순수 지주회사인 인베스터(Investor)를 설립하여 자회사를 거느리는 방식으로 지배 구조를 단순화했다.

창업자의 후계자는 은퇴하면서 세대별로 공익재단을 3개 만들고 여기에 재산을 전액 기부한 뒤 재단을 통해 인베스터를 지배하는 구조를 구축했다.

발렌베리 그룹은 기업을 소유하기보다는 재단을 통해 지배한다고 할 수 있다. 지배를 가능하게 만든 제도는 황금주라고 부르는 차등의결권이다.

스웨덴의 차등의결권은 노사정 대타협의 산물이다. 스웨덴은 다른 유럽 국가에 비해 산업화가 늦었지만 풍부한 천연자원과 활발한 창업 덕분에 20세기에 접어들어 산업 강국으로 급부상했다.

스웨덴은 적극적으로 해외 시장을 개척했고 외자를 도입하기 위해 자본 시장을 과감하게 개방했다. 1910년대 들어 외국 자본이 스웨덴 우량 기업을 대거 매입하면서 경영권을 위협받는 기업이 늘어났다.

스웨덴 정부는 1916년 재계 요구를 수용하여 외국 자본 의결권을 20%로 제한했다. 스웨덴 재계는 한발 더 나아가 차등의결권을 요구했다.

차등의결권은 1주식 1의결권 원칙에 예외를 두어, 보통 주식과 다르게 수량이나 내용에 차등을 둔 의결권이다. 배당 등 주주 권리는 동일하지만 의결권은 강하다. 스웨덴에서는 기업 주식을 A주와 B주로 나눌 수 있게 하고, 통상 A주에게는 B주보다 10배 많은 의결권을 부여한다.

차등의결권 제도는 북유럽에서는 보편적이다. 2011년 현재 스웨덴 상장 기업의 55%가 채택하고 있다, 핀란드 상장사는 36%, 덴마크는 33%가 채택하고 있다.

발렌베리 가문은 대부분 일반 주식의 최대 10배에 달하는 의결권으로 계열사 경영권을 확보하고 있다. 이 독특한 제도의 연원은 극심한 노사 분규에 시달렸던 1938년으로 거슬러 올라간다.

▶ 스웨덴 미래를 결정한 살트요바덴(Saltsjöbadsavtalet) 협약 체결 장면[12].

 오너의 기업 지배를 공고하게 하는 이 제도는 의외로 복지국가를 기치로 내건 좌파 성향의 사회민주당 정부가 집권하고 나서 도입했다.

 1932년, 처음 정권을 잡은 스웨덴 사회민주당은 경제 성장과 고용 확대를 위해 자본과 협력하기로 했다. 대표적인 사민주의 이론가이자 1932년부터 1945년까지 재무장관을 역임한 에른스트 비그포르스(Ernst Wigforss)는 "정치권력을 장악한 노동 운동은 기업에 우호적인 여건을 조성해야 한다"고 주장했다.

 비그포르스는 20세기 전반에, 오늘날까지 작동하는 스웨덴식 정치·경제 체제를 창안한 이론가이자 정치가이다. 1930년대 초 대공

---

12) 나무위키

황이 스웨덴을 덮쳤을 때 세계 최초로 케인스주의를 대안으로 제시하여 1932년 총선거에서 사민당이 집권하는 데 큰 기여를 했다. 그는 공황을 극복했고 스웨덴식 복지국가의 초석을 다졌다.

사회민주당은 국유화를 포기하고 대기업의 기득권을 인정했다. 재계가 과감하게 투자하도록 유도하고 세금은 더 걷기로 결정했다. 이를 위해 당근이 필요했다. 사회민주당이 제시한 당근은 차등의결권이었다.

대기업도 사회민주당이 1936년에 재집권하자 정부에 협력하지 않을 수 없었다. 결국 대타협을 통해 사회민주당과 스웨덴 사용자연합(SAF), 스웨덴 노조연맹(LO)은 1938년, '살트요바덴(Saltsjöbadsavtalet) 협약'을 체결하여 스웨덴의 미래를 결정했다.

협약을 통해 정부는 대주주에게 기업 경영권을 보장했다. 대주주는 투자와 일자리 창출, 배당소득세 80%, 사회 공헌 등을 약속했다. 노조는 생산 수단 국유화 주장을 포기하고 산업 평화를 위해 파업을 자제하기로 했다. 발렌베리그룹은 SEB가 소유한 주식을 지주회사에 양도할 수 있게 되었다.

노사는 상시적인 의사소통 창구를 마련하고, 중요 의사 결정에 공동으로 참여하기로 합의했다. 노사 공동 의사 결정은 1970년대에 법 제정으로 확고하게 자리를 잡았다. 종업원이 25명 이상인 기업은 이사회에 근로자 대표가 2명 이상 참여하도록 했다. 실제 발렌베리 계열사인 에릭슨은 이사 15명 가운데 6명이 노동자 대표로, 경영진과 동등하게 의사 결정에 참여한다.

협약이 규정한 해고 노동자의 재교육과 직장 알선을 주선하는 적극적 노동 정책은 스웨덴 노사 관계를 안정시키는 데 밑거름이 되었다. 발렌베리는 협약 체결 후 노동조합을 경영 파트너로 인정했다. 노조 지도자와 스스럼없이 만나 의견을 나누고 줄곧 우호적인 관계를 유지했다.

10.
삼성과
발렌베리의 차이

　　　　　　　　삼성 이재용 회장은 2019년, 마르쿠스 발렌베리 회장을 만난 적이 있다. 삼성과 발렌베리는 2003년부터 접촉했다. 삼성에스디에스(SDS)·에버랜드 지분을 이재용에게 편법으로 넘겨 논란이 일던 때였다. 당시 이건희 회장은 이재용 상무, 이학수 구조 조정본부장과 같이 발렌베리 가문과 지주회사인 인베스터를 방문했다. 이후 삼성경제연구소 연구원은 스웨덴에 1년가량 머물며 발렌베리의 기업 문화와 지배 구조를 집중적으로 연구했다.[13]

　한국 재벌이 발렌베리에 관심을 두는 것은 발렌베리 가문의 기업 지배 구조가 재벌 총수가 소유한 기업의 지배 구조와 공통점이 많기 때문이다.

---

13)　민웅기, "'해군 장교 복무'가 최소 조건? 삼성가-발렌베리가 결정적 차이", 일요신문, 2019.12.24

발렌베리와 한국 주요 재벌은 모두 산업과 금융 부문에서 많은 기업을 거느린 거대 산업·금융 제국을 구축하고 유지해왔다.

발렌베리와 한국 재벌은 공통으로 가문이 기업을 경영하고, 지분에 비해 훨씬 큰 지배력을 행사하며, 중요한 의사결정을 주도한다. 단기 수익보다 장기 성장을 중시하여, 위기가 닥쳐도 기업을 매각하지 않고 손실을 감수한다. 기회가 오면 망설이지 않고 과감하게 투자하는 적극적 소유주이다.

차이점도 많다. 발렌베리 가문은 차등의결권과 공익재단을 활용했다. 한국 재벌은 주로 순환출자와 피라미드형 지배 구조를 이용했다.

발렌베리 산하 기업의 이사회는 독립성을 확보하고 있다. 한국 재벌 총수 일가가 펼치는, 지분이 많은 비공개 자회사에 일감을 몰아준 후 상장하여 막대한 차익을 누리는 작전은 원천적으로 불가능하다.

발렌베리의 지주회사인 인베스터는 상장 기업이지만 삼성의 컨트롤 타워는 법적 실체가 없다. 발렌베리 가문은 이사로서 공식적으로 기업 경영에 참여하고 전문 경영인은 권한이 막강하다. 삼성 총수는 황제 경영을 하고 총수 일가가 아닌 경영자는 실권이 없다는 비판을 받는다. 경영을 좌지우지하는 총수가 비등기 이사인 경우도 있다. 실제로 이재용 삼성전자 회장은 2025년 3월 현재, 5대 그룹 총수 중 유일한 비등기 이사다.

발렌베리 산하 기업은 엄격하면 말하면 그룹 일원이 아니다. 모두 독립 기업이고 기업명도 다르다. 연대 의식을 약하게 공유하고 있을 뿐이다. 삼성그룹은 계열사 출자를 통해 하나의 기업처럼 묶여 있다. 발렌베리 가문이 활용한 차등의결권은 삼성과 달리 그룹을 공동 운명체로 만드는 효과가 없다.

발렌베리 가문은 노동조합을 존중하고 긴밀하게 대화해왔지만 삼성은 무노조 경영으로 일관해왔다. "내 눈에 흙이 들어가기 전에는 노조를 인정할 수 없다"는 이병철 회장의 무노조 방침은 삼성의 경영 철학이고 기업 문화이다.

발렌베리 가문은 재단을 정점에 두는 피라미드형 소유 지배 구조로 기업 수익이 가문의 축재로 이어지지 않는다. 소유한 기업의 이윤 일부는 배당 수익으로 인베스터로 들어간다. 인베스터 이윤 일부는 다시 배당 수익으로 재단으로 들어간다. 발렌베리 재단은 공익재단이라서 재단 수익이 가문 구성원의 호주머니로 유출되지 않는다. 한국 재벌은 총수 일가가 소유한 지분이 많다. 사익 편취도 심하다. 재산이 훨씬 많을 수밖에 없다.

대기업을 중심으로 수출 주도 산업화를 추진한 스웨덴도 대기업에 유리한 정책을 오래 펼쳤다. 발렌베리 산하 기업은 수출 대기업에 우호적인 정책의 혜택을 오래 누렸지만, 특혜를 받지는 않았다. 한국 재벌 기업처럼 외자 특혜 배정과 정부의 해외 부채 보증, 정책 금융에 의한 사업 자금 지원, 진입 장벽 쌓기를 통한 독과점 형성, 정부의 고강도 노동 운동 탄압과 같은 특혜를 누리지 않았다.

> ▶ **용어 해설: 등기 이사**(등기 임원)**와 비등기 이사**(미등기 임원)
>
> 등기 이사는 주주총회에서 선임된 이사를 말한다. 주주총회에서 선임하면 등기하지 않았어도 이사로서 권리와 의무가 발생한다.
>
> 비등기 이사는 회사 내부 결정으로 임명된 이사다. 상법에 의거하여 선임된 이사가 아니므로 이사회에 참여할 수 없다. 이사회 의결권도 없다. 회사 내부 직위로만 인정받는다. 등기 이사는 법정 임기가 있다. 일반적으로 3년이다. 비등기 이사는 임기 제한이 없다.
>
> 등기 이사는 주주총회를 통해서만 해임할 수 있다. 해임할 경우 3분의 2 이상 찬성이 필요하다. 비등기 이사는 대표이사가 마음대로 해임할 수 있다. 해임되어도 상법 제385조 제1항이 보장하는 손해배상 청구를 할 수 없다. 근로자가 아니기 때문이다.
>
> 비등기 이사는 원칙적으로 법적 책임을 지지 않는다. 상법 제401조의2에 따라 업무집행지시자, 무권대행자, 표현이사는 예외적으로 등기 이사와 동일한 책임을 질 수 있다.[14]

---

14) 헬프미 법률사무소, "등기 이사와 비등기 이사의 차이는?", 2025.2.18

11.
한국 재벌의
지배 구조

총수 일가 지분율 3.5%, 내부지분율 61.1%

　국가 경제를 이끌어 가는 대표적 경제 주체는 기업이다. 기업은 자본을 조달하여 종업원을 고용하고, 가치 있는 제품과 서비스를 생산, 판매하여 이익을 창출한다. 직원에게 월급을 주고, 국가에 세금을 납부하며, 남은 돈은 재투자하여 더 좋은 상품과 서비스를 생산한다. 이 과정을 통해 자금과 경험, 지식을 축적하면서 국민 생활은 윤택해지고 국가는 부강해진다.

　기업은 어떤 분야에 얼마만큼 투자할지 결정하면서 자국뿐 아니라 외국에도 영향력을 행사한다. 기업은 누구의 간섭도 받지 않는다. 직원을 얼마나 고용하고 월급은 얼마나 지급할지 독자적으로 결정한다.

　기업의 투자와 고용 결정은 국민 경제에서 가장 중요한 성장과 일자리를 좌우한다. 이러한 힘으로 선출되지 않은 경제 권력은 국민이 선출한 정치 권력에 영향력을 행사한다.

2024년 9월, 공정거래위원회가 발표한 〈2024년 공시대상기업집단 주식 소유 현황〉에 따르면, 총수 일가의 지분율은 평균 3.5%이다. 총수 있는 기업집단 78개의 내부지분율은 61.1%이다. 총수 일가의 의결권이 61.1%라는 얘기다. 총수 일가의 의결권 지분이 소유권 지분보다 무려 18배 많다.

재벌은 모회사나 지주회사가 자회사 지분을 보유하고, 자회사는 손자회사 지분을, 손자회사는 증손회사 지분을 보유하는 지배 구조를 구축하고 있다. 이를 피라미드식 지배 구조라고 한다. 이를 통해 총수 일가는 지주회사를 지배할 수 있는 지분만으로 계열사 전부를 지배한다.

우리나라는 1997년 외환 위기 이전까지, 정부는 국민이 저축으로 형성한 자금을 대기업에 집중적으로 배분했다. 대기업 창업자 일가는 지배 주주로 경영권을 장악하고 계열사를 늘렸다.

기업 규모가 커지고 투자를 유치하면서 창업자 일가의 지분은 줄었다. 외국인 투자자의 주식 취득 한도가 폐지되고 외환 위기로 구조조정을 하면서, 기업의 소유 지배 구조에 변화가 생겼다.

재벌 기업은 변화의 시기에 계열사 지분을 확대하고 2~3세에게 경영권을 승계하는 데 주력했다. 그 결과 총수 일가는 지분을 3~4%만 보유하고도 계열사와 특수 관계인, 공익재단 등을 통해 그룹 전체를 지배하고 있다.

재벌은 상호·순환출자를 이용하여 다양한 사업 영역에 진출했다.

독과점과 부당한 내부거래로 거대한 부를 축적했다. 신생 기업은 기술력과 아이디어가 있어도 뿌리를 내리기 어려웠고 부실한 재벌 계열사가 퇴출당하는 일은 일어나지 않았다. 시장경제 원리에 따른 구조 조정은 불가능해졌다.

> ▶ 용어 해설: 내부지분율, 내부거래, 부당내부거래
>
> 내부지분율은 전체 발행 주식 가운데 소유주와 소유주의 이해관계인이 보유한 주식 비율을 말한다. 동일인 지분과 동일인의 친인척과 계열사 임직원 등 특수관계자 지분, 계열사 지분, 자사주와 자사주 펀드를 포함한다. 내부지분율이 높을수록 적대적 인수·합병에서 경영권을 방어하는 데 유리하지만 자금 조달은 어려울 수 있다.[15]
>
> 내부거래는 같은 기업집단에 속한 회사 간에 상품·서비스를 사고팔거나 인력을 지원하는 등의 거래를 가리킨다.
>
> 부당 내부거래에는 제품 가격이나 거래 조건 등을 계열사에 유리하게 적용하는 차별 거래, 임직원에게 자사 제품을 사거나 팔도록 강요하는 사내 판매 강요, 납품업체에 제품을 떠맡기는 거래 강제, 정당한 이유 없이 비계열사와 거래를 기피하는 거래 거절 등이 있다.
>
> 부당 내부거래는 독립 경영 기업을 부당하게 배제하거나 잠재적 경쟁자의 신규 진입을 억제하여 시장 기능을 저해한다. 경제력 집중을 야기하고, 전체 계열사의 동반 부실을 초래하며, 경영 투명성을 저해하여 소액주주와

---

15) 한경 경제용어사전

> 채권자의 이익을 침해하는 반시장적 행위다.
>
> 시장 경제가 발달한 선진국은 부당 내부거래를 대부분 주주의 의결권 행사나 금융 기관의 견제 등 시장 원리로 해결한다.
>
> 우리나라는 경영권과 기업 정보를 총수가 독점하여 기업 내외부의 견제 장치가 제대로 작동하지 않는다. 부당 내부거래를 근절하기 위해 공권력에 의한 외부 통제가 불가피하다.[16)]

구글의 유일한 상장사 알파벳, 자회사 주식 100% 소유

애플, 테슬라, 구글, 페이스북, 아마존 등은 차고나 창고에서 창업했다. 뛰어난 기술과 창의적인 아이디어로 투자를 받고 투철한 기업가 정신으로 끊임없이 혁신하여 세계 시장을 석권하고 있다.

미국 기업은 대부분 단일 기업 체제이다. 상장 기업은 최상단에 하나만 두고, 각 사업 부문은 100% 자회사이거나 상장 기업의 일개 사업부로 존재한다.

2015년, 구글은 알파벳(Alphabet Inc.)을 설립하고 지주회사 체제로 전환했다. 구글의 유일한 상장사인 알파벳은 구글, 구글X, 구글캐피탈, 구글벤처스, 웨이모, 네스트, 칼리코 등의 주식을 100% 소유한다. 알파벳 자회사인 구글은 비상장 기업으로 안드로이드, 유튜브,

---

16) 기획재정부 시사경제용어사전

검색엔진 구글 같은 고수익 사업부를 보유한다. 자회사의 기업 가치는 모두 알파벳에 반영되어 있다.

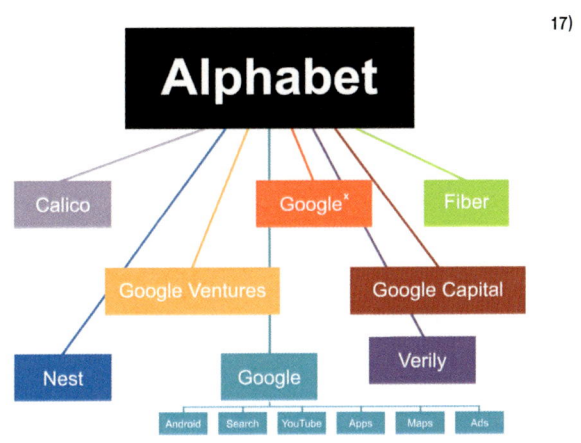
17)

이런 지배 구조에서는 모회사 이사회와 감사 기구가 자회사 경영진을 견제하고 감시할 수 있어 자회사 이사회에는 사외이사가 필요 없다. 단일 기업 체제는 자회사 간 거래가 부당한지 판단할 필요도 없다. 한 자회사의 손해는 다른 자회사의 이익이므로 모회사 주주 입장에서는 자회사 간에 손익이 상쇄되어 아무런 차이가 없기 때문이다.

국내 재벌은 대부분 기업집단 형태를 띠고 있다. 삼성전자는 삼성그룹 소속이고, 현대차는 현대차그룹 아래에 있다. 기업집단은 여러

---

17) 위키백과

상장사로 구성되어 있다. 기업집단의 계열사 중에는 총수 지분이 높아 가족 회사 같은 상장사도 있고, 일반 주주 지분율이 높은 회사도 있다.

이런 지배 구조에서는 지배 주주와 일반 주주의 이해가 충돌할 수 있다. 지배 주주가 사익 편취를 위해 일반 주주 이익을 침해할 가능성이 높다. 실제로 사익 편취가 빈번하다. 계열사 간 거래 조건이 공평한지, 회사가 할 수 있는 사업을 총수 일가의 개인 회사가 하는지 등이 중요할 수밖에 없다.

기업 지배 구조는 투자자에게 원금과 이익을 돌려줄 수 있도록 촉진하기도 하고 지배 주주의 사익 편취를 조장하기도 한다.

미국은 최고경영자가 지배 주주의 개인 회사와 거래하여 일반 주주의 이익을 침해하면 주주들이 바로 집단 소송을 제기한다. 법도 이 같은 거래를 용인하지 않는다. 미국 법원은 이해 상충 상황에서는 경영 판단의 원칙을 적용하지 않는다. 주주 충실 의무가 우선한다고 판결한다. 우리 법원은 다르다. 경영 판단의 원칙을 일관되게 적용한다.

구글이 바보라서 유튜브를 상장하지 않은 게 아니다. 핵심 사업을 떼어 상장하면 알파벳 주주에게 집단 소송을 당하기 때문이다.

> **▶ 용어 해설: 경영 판단의 원칙**
>
> 기업 경영자가 충분한 정보에 근거하고 이해관계를 떠나, 회사 이익에 합치한다는 믿음을 갖고 결정했다면, 결과적으로 회사에 손해를 끼쳐도 경영자에게 책임을 묻지 않는다는 원칙을 말한다. 법적 판단과 기업 경영자의 판단은 다를 수 있다는 데 근거를 둔다.
>
> 경영 판단의 원칙은 민사재판에서는 이사의 손해배상 책임을 따지는 기준이 되고, 형사재판에서는 횡령·배임죄를 판단하는 주요 기준이다.
>
> 1980년대 미국 델라웨어주 대법원이 판례를 수립한 이래 이사의 법적 책임을 판단하는 소송에 널리 적용되고 있다. 우리나라는 명문 규정은 없지만 민·형사 소송 때 활용되고 있다.[18]

이익 사유화, 손실 사회화

재벌의 근본적 문제점은 지배 구조에 있다. 기업을 인수할 때 다른 나라는 지분을 100% 인수한다. 우리나라에서는 일부만 인수한다. 부분 인수를 한 탓에 상호출자나 순환출자, 다단계 출자 등 지배 구조가 복잡하다.

---

18) 김희승, "배임이냐 경영적 판단이냐…대법원 판례 뜯어보니", 한겨레, 2022.5.29

부당 내부거래 규제는 느슨하다. 사외이사의 독립성도 매우 약하다. 정부는 일감 몰아주기에 과세하고 과징금을 부과하지만 규제를 우회하는 일감 몰아주기는 여전하다.

재벌 기업의 지배 구조는 수많은 계열사를 거느릴 수 있게 하여 경제력 집중을 심화한다. 높은 내부 지분율로 일반 주주가 견제할 수 없게 하여 부당 내부거래가 횡행하게 한다. 소액 주주에게 피해를 주고 기업 부채를 늘린다.

삼성물산·제일모직 합병 사건에서 국민연금 등 기관 투자가는 국민의 이익을 저버리고 묻지 마 찬성으로 일관했다. 재벌이 장악한 언론은 이를 모르는 체했다. 국익과 재벌 일가의 이익을 혼동하는 국민은 재벌을 옹호했다.

2022년 4월, 대법원은 삼성물산 합병 과정에서 국민연금공단 관계자에게 외압을 행사한, 문형표 전 복지부 장관과 홍완선 전 국민연금 기금운용 본부장에게 직권 남용과 배임죄로 각 징역 2년 6개월을 확정했다.

참여연대는 삼성물산과 제일모직 합병으로, 국민연금은 5,200억 원에서 6,750억 원 정도 손실을 보았다고 추산했다. 국민의 노후 자금인 국민연금기금을 안전하게 운용해야 할 복지부가 재벌 총수를 위해 이익은 사유화하고 손실은 사회화했다.

▶ **용어 해설: 상호출자, 순환출자**

상호출자는 독립 기업 사이에 상대 회사 주식을 서로 보유하는 출자 형태를 말한다. 자본금이 100억 원인 A기업이 B기업에 50억 원을 출자하고, B기업이 이 중에서 25억 원을 다시 A기업에 출자하는 게 상호출자이다. 상호출자를 통해 A기업 자본금은 변함이 없지만 장부상으로는 125억으로 늘어난다. 이를 '가공자본'이라고 한다. 장부상 자본이 늘어나면 A기업은 은행에서 융자를 더 많이 받거나 채권 발행 한도를 올릴 수 있다. A기업 지배 주주는 회사 돈으로 B기업을 지배하고, 다시 B기업이 가진 지분으로 A기업에 경영권을 행사할 수 있다.[19] 상호출자를 하면 기업이 서로 연결되어 지배 주주는 경영권을 쉽게 유지할 수 있다.

상호출자는 실질적인 출자 없어 가공 자본금을 늘린다. 기업집단의 경우 특정 기업이 부실해지면 계열사 전체로 부실이 확산할 수 있다. 상법은 회사 자산의 가공적 증대를 막기 위해 모자 관계 회사 사이에서는 상호 주식 보유를 금지하고 있다.

순환출자는 같은 기업집단에서 A사가 B사에, B사는 C사에, C사는 다시 A사에 출자하여 계열사끼리 돌아가며 자본을 늘리는 출자 형태를 말한다. 자본금이 100억 원인 A사가 B사에 50억 원을 출자하고, B사는 C사에 30억 원을 출자하며, C사는 다시 A사에 10억 원을 출자하면 A사는 자본금 100억 원으로 B사와 C사를 지배한다. 게다가 자본금은 110억 원으로 늘어난다. 증가한 10억 원은 장부상에만 존재한다. 실제로 입금된 돈이 아니다. B사가 부도나면 A사 자산 50억 원은 사라진다. 계열사 한 곳이 부실해지

---

19) 함승민, "이번 주 경제 용어 상호출자 순환출자", 중앙일보, 2016.4.20

면 출자한 다른 계열사까지 부실해지는 악순환이 발생할 수 있다. 도미노 현상과 비슷하다

보유한 자본 이상으로 지배력을 행사할 수 있기 때문에, 재벌 기업은 계열사를 늘리고 지배하기 위해 순환출자를 활용해 왔다.

상법은 상호출자를 금지하지만 순환출자에 대해서는 별도 규정을 두지 않고 있다. 순환출자 규모나 내용을 파악하는 일이 쉽지 않기 때문이다. 순환출자는 상호출자 금지로 생겨난 편법이라고 할 수 있다.[20]

주주가 경영자 감시, 감독하는 체제가 기업 지배 구조

기업 지배 구조는 경영 활동을 감시하고 통제하는 체제다. 기업 소유 구조는 주식 소유에 따른 의결권 분포와 경영권 소재 체제를 가리킨다. 두 용어는 의미가 다르지만 흔히 '기업 소유 지배 구조'로 붙여 쓴다. 우리나라는 기업 소유자가 경영까지 하는 경우가 많기 때문이다.

주주는 자본을 제공하고 경영권을 보유한다. 주주는 기업이 창출한 이익 중에 종업원 급여와 이자 등을 제외한 나머지를 가질 수 있는 잔여청구권(residual claim)이 있다. 기업에서 위험을 통제하더라도 남아 있는 위험을 부담하는 잔여 위험 부담자(residual risk bearer)

---

20) 기획재정부 시사경제용어사전

이기도 하다. 이러한 이중 지위를 갖고 있어 지배 구조 중심에는 주주가 있다.

주주만 위험을 지고 잔여청구권을 가지는 것은 아니다. 채권자, 하청업체, 종업원도 잔여청구권자로 위험을 부담한다

소유와 경영을 분리하면 회사 주인인 주주와 대리인인 경영자 사이에 정보 비대칭(불균형)으로 경영자가, 주주가 아니라 자신을 위해 회사를 경영하는 도덕적 해이(moral hazard)가 나타날 수 있다. 이를 막기 위해 주주가 경영자를 효율적으로 감시, 감독하고 통제하기 위한 체제가 기업 지배 구조다.

경영자를 통제하는 수단은 내부 통제와 외부 통제가 있다. 내부 통제는 이사회의 경영진 견제, 감사위원회의 감사, 경영진 보상 등이 있다.

외부 통제는 기업 경영권 시장과 주주의 경영 감시, 기관 투자자의 주주 행동주의, 외부 감사 등이 있다. 재임 중인 경영자의 뜻에 반하여 경영권을 거래하는, 기업 경영권 시장은 사후 견제 수단으로 중요한 역할을 한다.

▶ **용어 해설: 정보 비대칭(정보 불균형)**

경제 거래에서 한 당사자가 다른 당사자에 비해 중요한 정보를 더 많이 가지고 있는 상태를 말한다. 기업에서는 최고경영자와 일반 주주 사이에서 흔히 발생한다. 최고경영자는 중요한 경영 정보를 잘 알고 있지만 일반 주주는 모를 경우 도덕적 해이가 발생할 수 있다.

정보 비대칭은 대개 판매자가 구매자에 비해 제품이나 서비스에 대한 지식이 더 많은 경우에 두드러진다. 반대의 경우도 가능하다.

캘리포니아 주립대 애컬로프(George A. Akerlof) 교수는 이러한 사례로 중고 자동차 시장에서 판매자가 구매자보다 중고차에 대해 더 많은 정보를 알고 있어, 시장에 나쁜 중고차만 내놓는 판매자 때문에 구매자는 질 낮은 자동차를 구매하게 될 가능성이 높다고 밝혔다. 애컬로프 교수는 이를 '역선택(adverse selection)'이라고 명명하고, 정보 비대칭으로 정보를 갖지 못하면 자신이 기피하고자 하는 상대와 거래할 가능성이 높다고 주장하였다.[21]

---

21) 기획재정부 시사경제용어사전

최고경영자와 이사회 의장 분리 34%

이사회는 기업의 의사 결정과 이사 직무 집행을 감독할 권한이 있는, 이사 전원으로 구성된 주식회사의 상설 기관이다. 이사회는 기업 가치를 극대화하기 위하여 주요 의사 결정에 참여하며 경영진을 지원하고 감독한다.

이사회는 최고경영자를 선임할 수 있다(상법 제389조). 우리나라는 지배 주주가 최고경영자를 겸하거나 지배 주주가 자기 입맛에 맞는 최고경영자를 선임하는 경우가 많아 이 권한은 유명무실하다.

미국과 영국 등에서는 이사회가 최고경영자 선임권을 실제로 행사한다. 실적이 부진하거나 비리 등 중대한 문제가 있을 경우 최고경영자를 교체한다.

바람직한 지배 구조를 구축하려면 최고경영자와 이사회 의장을 분리하고 이사회를 효율적으로 운영, 평가하며 보상해야 한다. 정기 이사회와 임시 이사회의 규정을 완비하고, 독립적 사외이사를 선임하며, 이사 활동을 충분히 지원하고, 사외이사만의 정기 회의를 보장해야 한다.

삼일회계법인이 공개한 〈2023 이사회 리포트〉에 따르면, 자산총액 1조 원 이상인 267개 비금융권 코스피 상장사 중에 최고경영자와 이사회 의장을 분리한 회사는 전체의 34%에 그쳤다.

2조 원 이상 회사는 39%, 2조 원 미만 회사는 29%만 최고경영자와 이사회 의장을 분리했다. 나머지는 회사 경영진을 대표하는 최고

경영자가, 경영진을 견제하는 이사회 의장을 겸직했다. 자신이 자신을 견제하고 감시하는 셈이다.

최고경영자와 이사회 의장을 분리한 회사도 사외이사가 이사회 의장을 맡고 있는 비율은 42%에 불과했다. 최고경영자가 아닌 사내이사가 의장을 맡는 경우는 46%에 달했다.

최고경영자와 이사회 의장을 분리한 기업도 견제와 감시 장치가 작동하지 않는다는 사실을 알 수 있다.

한국 재벌 기업에서는 이사회가 제대로 작동되지 않는다. 이사회가 최고경영자의 성과를 평가하고 보상하지 않는다. 문제가 심각해도 최고경영자를 교체하거나 새로 선임하지 않는다.

총수 가족 임원에게 터무니없이 많은 보수를 지급하기도 한다. 경제 범죄로 수감 중일 때도 총수는 경영에 관여한다. 사면 후에는 경영에 바로 복귀한다. 이는 모두 이사회가 제대로 작동하지 않는다는 눈에 보이는 증거다.

외부 견제 장치도 빈약하다. 적대적 인수·합병(M&A)은 전무하다. 적대적 인수·합병은 보유하고 있는 인적·물적 자원에 비해 성과가 낮은 기업을 인수·합병하여, 비효율적인 부문을 구조조정하고 핵심 역량을 강화하여 기업 효율성을 높인다. 기업 사이에 자발적 경쟁을 유도하여 경쟁력을 강화하고 경영진이 주주를 위해 경영을 하도록 촉진한다.

우리나라 기업은 집중투표제를 배제하여 독립적인 사외이사를 선임하기도 어렵다. 2023년, 삼일회계법인에 따르면 집중투표제를 채택하고 있는 회사는 5% 미만이다. 집중투표제는 1998년에 소액 주주 권리를 보호하려고 도입했으나, 회사가 정관으로 배제할 수 있어 시행하는 회사가 거의 없다.

주주가 기업 경영에 영향력을 행사하는 주주 행동주의는 재벌과 보수 언론의 공격을 받고 있다. 주주 행동주의는 주주총회에서 주주 제안, 반대투표, 헤지펀드의 위임장 대결, 지배 구조에 기관 투자자 관여, 기업과 비공식적인 협의 등으로 경영자 전횡에 맞서 주주 이익을 보호한다.

업무 담당 이사의 권한 남용을 막고 일반 주주 권익을 보호하는, 주주대표소송은 필요 지분 요건과 원고의 입증 책임 등으로 사실상 제기하기 힘들다.

법원의 보수적인 판결과 정치권의 특별사면 남발, 가석방 남용도 문제다. 일감 몰아주기 과징금은 실효성이 없어 행정 제재도 작동하지 않는다.

▶ 용어 해설: 적대적 인수·합병, 집중투표제

적대적 인수·합병은 공개 매수나 주식 매집을 통해 피인수 회사의 의사와 관계없이 인수 회사가 독단적으로 경영권을 빼앗는 인수·합병을 가리킨다. 피인수 회사와 합의에 의해 이루어지면 우호적 인수·합병이라고 부른다.

인수·합병을 약육강식의 기업 약탈로 간주하는 견해도 있으나 인수·합병이 활성화된 선진국은 인수·합병 전에 기존 대주주가 대비할 수 있게 기관투자자의 의결권을 제한하는 등 장치를 마련하고 있다. 우리나라에서 인수·합병은 부실기업 인수나 그룹 계열사 간 합병이 대부분을 차지한다. 해외에서는 신기술 습득이나 해외 유통망 확대 등 국제화 전략으로 활용하는 경우가 많다.

집중투표제는 이사를 두 명 이상 선임할 때 주식 1주당 선임하려는 이사 수만큼 의결권을 부여하고, 이를 여러 후보에 분산하거나 특정 후보에 집중적으로 투표할 수 있는 제도다. 주주총회에서 이사 5명을 선임한다면 1주당 의결권을 5개 부여한다. 주주는 특정 이사 후보에게 5표를 몰아줄 수 있고 여러 명에게 분산 투표할 수도 있다.[22]

---

22) 기획재정부 시사경제용어사전

삼성전자 위기는 소유 지배 구조에 있다

삼성전자는 2025년 3월, 제56기 정기 주주총회를 열었다. 2024년 삼성전자 보통주의 연간 총주주수익률(TSR)은 마이너스 30.4%를 기록했다. 같은 반도체 기업인 하이닉스는 24.5%를 기록하여 차이가 크게 벌어졌다. 한종희 부회장은 "주가가 기대에 미치지 못했다"며 사과했다.

경제정의실천시민연합(이하 경실련)은 2024년 12월, 삼성전자가 반도체 분야에서 경쟁력이 떨어진 것은 소유 지배 구조와 관련이 있다고 지적했다.

경실련은 "빅테크 기업이 기술 유출 등을 우려하여 시스템 반도체 설계도 하는 삼성전자에 생산을 위탁하지 않는다"며 "삼성전자 위기는 기술력이 아니라 기술력 격차를 가져오게 하는 소유 지배 구조에 있다"고 분석했다.[23]

경실련은 "시스템 반도체 설계 부문을 매각하고, 사업 부문을 독립 회사로 분사하며, 분사된 회사에 실권을 가진 세계적인 전문 경영인을 영입해야 하는데, 이재용 회장과 사업지원TF가 이를 방해하고 있다"고 주장했다.

2024년 10월, 삼성 준법감시위원회 이찬희 위원장은 "최고경영자의 등기 임원 복귀, 조직 내 원활한 소통에 방해가 되는 장막 제거

---

23) 경실련, '삼성전자 위기와 사장단 인사의 문제점 및 개혁방안 제안', 2024.12.2

등 책임 경영을 실천하기 위해 지배 구조를 혁신적으로 바꿔야 한다"고 권고했다.

> ▶ **용어 해설: 총주주수익률**(TSR: Total Shareholder Return)
>
> 주주가 일정 기간에 얻을 수 있는 총수익률을 말한다. 주가 상승분과 배당금을 더한 값을 주식 매입가로 나눠 산출한다. 실질적 주식투자 수익률이라고 할 수 있다. 보스턴컨설팅그룹(BCG)이 개발하여 1998년부터 매년 '가치창조 보고서'를 통해 발표한다.
>
> TSR을 통해 어떤 기업의 주식을 샀을 때 주가 차익과 배당으로 내 호주머니에 얼마나 들어오는지 한눈에 알 수 있다. 3개년 연평균 TSR이 34.8%라면 투자 원금 대비 연평균 수익률이 34.8%라는 뜻이다. 단순 주가 변동보다 유용하여 경영자를 평가하는 지표로 활용한다.
>
> 자본시장연구원이 펴낸 〈일본 자본시장 개혁의 성과 동인 및 시사점〉에 따르면, 2012년 말부터 2023년 말까지 TSR을 기준으로 일본 주가지수는 297% 상승하여 주요 국가 중에서 가장 높았다. 이어서 미국(271%), 대만(246%), 독일(120%), 중국(71%), 한국(61%) 순이었다. 일본이 한국에 비해 약 5배 높다는 사실을 알 수 있다.[24]

---

24) 이효섭, '일본 자본시장 개혁의 성과 동인 및 시사점', 자본시장연구원, 24.8.9

경영자 지분 많을수록 기업 가치 높아

1976년, 경제학자 젠센(Jensen)과 맥클링(Meckling)은 경영자 지분율이 높을수록 경영자와 주주의 이해관계가 같아, 기업 가치가 높아진다고 발표했다. 이후 수많은 학자가 경영자 지분율과 기업 가치의 관계를 연구한 논문을 내놓고 있다.

우리나라 기업을 분석한 결과는 대체로 지배 주주 지분율이 높을수록 기업 가치가 감소하다가 일정 수준 이상에 이르면, 증가하는 U자형 패턴이 나타났다.

서울대 임지은·김우진 교수가 발표한 논문 〈기업 규모와 수익성 상관관계에 대한 지배 주주 지분율 영향〉에 따르면, 대기업집단에서 지배주주 지분율이 높은 계열사는 매출과 영업 이익 간에 양의 상관 관계가 나타났다.[25]

우리나라 기업은 지배 주주가 주식을 많이 갖고 있을수록 기업 가치가 높은 경향이 있다. 지배 주주 지분율이 높을수록 사적 편취나 주주 간 부의 이전이 감소하며, 적대적 인수·합병에서 회사를 지켜 안정적으로 경영할 수 있기 때문이다.

재벌 기업도 총수 일가가 상장 지주회사의 지분을 안정적으로 보유하고, 계열사는 모두 상장 지주회사의 100% 자회사가 되는 구조가 이상적이다. 지배 주주와 일반 주주 사이에 이해 충돌이 감소하

---

25) 임지은·김우진, 〈기업 규모와 수익성 상관관계에 대한 지배 주주 지분율 영향〉, 2017. 5

고, 기업 성과와 주주 가치의 괴리가 작기 때문이다.

발렌베리 가문은 재단을 통해 상장 산업 지주회사인 인베스터와 비상장 지주회사인 발렌베리 인베스트먼트를 지배한다. 발렌베리 인베스트먼트는 다시 비상장 지주회사인 FAM과 내비게어(Navigare), 나인틴 프라이빗 캐비털을 지배한다.

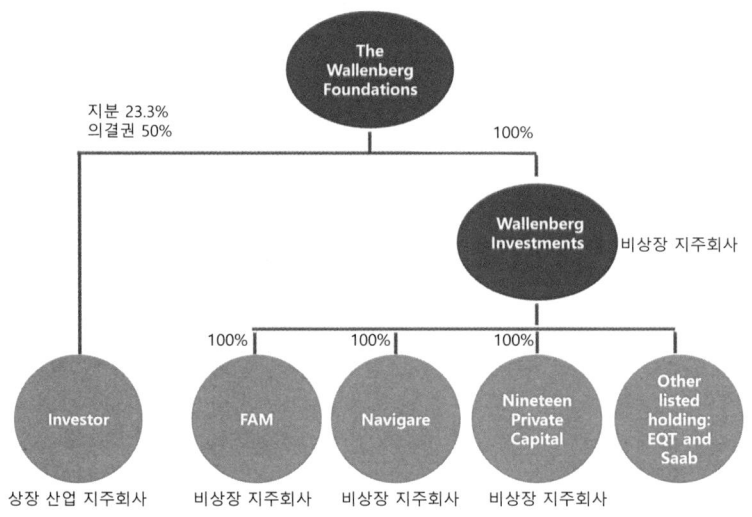

발렌베리 가문은 계열사 경영 정보를 낱낱이 공개하여 투명하게 경영한다. 계열사는 독립 경영을 한다. 가족이 계열사 이사로 경영에 참여하지만 한국 재벌 기업처럼, 총수 지분이 많은 비공개 자회사에 일감을 몰아준 후 상장시켜 막대한 시세 차익을 얻는 작전은 원천적으로 불가능하다.

삼성생명, 이재용 일가 지배력을 유지하는 핵심 고리

이재용 회장은 삼성물산-삼성생명-삼성전자로 연결되는 피라미드식 출자로 삼성전자를 지배하고 있다. 이재용은 삼성물산의 최대 주주로 지분을 19.93% 보유하고 있다. 삼성생명 지분은 10.44% 가지고 있다. 삼성물산에 이어 2대 주주이다.

삼성그룹 지배 구조에서 가장 중요한 역할을 하는 회사는 삼성생명이다. 삼성생명은 단순한 금융 회사가 아니다. 삼성그룹 계열사를 연결하여 이재용 일가의 지배력을 유지하는 핵심 고리다.

삼성전자의 최대 주주는 삼성생명으로 지분을 8.51%를 갖고 있다. 2대 주주인 삼성물산은 5.05% 보유한다. 이재용 회장은 핵심 계열사인 삼성전자의 지분율이 1.65%에 불과하지만 삼성물산-삼성생명으로 이어지는 출자 구조를 통해 삼성전자를 우회하여 지배하고 있다.

삼성생명이 삼성전자 주식을 보유하는 것은 이재용 회장의 지배력을 유지하기 위해서라는 사실을 알 수 있다.

보험업에서 자금 운용 안전성과 운용 수익률은 매우 중요하다. 보험은 가입자의 노후를 보장하고 예상하지 못한 위험에 대비하는 상품이기 때문이다.

보험업계는 금융 상품을 운용할 때 '계란을 한 바구니에 담지 말라'는 격언을 철저하게 지킨다. 몰빵 투자를 했다가 문제가 생기면 원금을 회수하기 어렵기 때문이다.

보험사의 몰빵 투자는 매우 위험하다. 법령도 이를 강하게 규제한다. 보험업법은 보험사 운용 총자산의 3% 이상을 계열사 주식이나 채권으로 보유하지 못하게 한다. 이를 자산운용비율 규제라고 한다. 대주주의 부당한 영향력을 차단하고, 보험사가 계열사에 과도하게 투자하여 재무 건전성을 훼손하지 않도록 하기 위해서다. 저축은행업과 금융투자업에도 비슷한 규제가 있다.

현행 보험업법은 총자산은 시가로 평가하지만, 특이하게도 소유한 주식이나 채권은 취득 원가로 평가하여 자산운용비율을 산정한다. 이는 삼성생명을 위한 특혜이다. 삼성생명이 보유한 삼성전자 주식을 시가로 평가하면 총자산의 11%를 넘어 법령이 정한 한도 3%를 초과하기 때문이다.

삼성생명이 삼성전자 주식을 지나치게 많이 보유하면서 문제가 발생하고 있다. 2024년 3분기 말을 기준으로 삼성생명의 지급여력비율은 200% 아래로 떨어졌다. 생명보험사 평균인 211.7%에 미달한다. 삼성전자 주가가 하락했기 때문이다.

지급여력비율은 보험사가 보험 계약자 등에게 보험금을 제때 지급할 수 있는지 나타내는 지표이다. 이를 통해 보험사의 건전성을 판단할 수 있다. 감독 당국은 지급여력비율이 떨어진 보험사에 '적기시정조치'를 발동하여 재무 건전성을 확보한다. 적기시정조치는 경영이 악화된 금융 기관에게 감독 당국이 단계적으로 시행하는 시정 조치를 말한다.

2025년 2월, 조국혁신당 차규근 의원은 '삼성생명법'으로 불리는 보험업법 개정안을 발의했다. 차 의원은 "자산운용비율을 산정할 때 보험업만 취득 원가로 평가하는 규정은 삼성만을 위한 특혜이고 관치"라며 "자산운용 규제의 목적과 배치되고 보험사 건전성 측면에서도 바람직하지 않다"고 주장했다.

  삼성생명이 재무 건전성을 확보하려면 삼성전자 주식 소유 비율을 낮춰야 한다. 현재 삼성생명의 주목적은 이재용 회장의 삼성전자 지배력 유지라고 할 수 있다. 삼성생명 이사회는 회사 충실 의무와 보험 계약자에게 부당하게 위험·손해를 전가하지 않아야 한다는 원칙을 저버리고 있다.

2장

코리아 디스카운트 해소 모범, 메리츠금융

01.
재벌가에서 드물게 소유 지배 구조 혁신한 메리츠금융

완전 자회사 체제로 전환하여 선진적 지배 구조 구축

우리나라 재벌가에서는 드물게 소유 지배 구조를 혁신하고, 주주 중심 경영을 펼쳐, 코리아 디스카운트를 모범적으로 해소한 기업이 있다.

한진그룹에서 분리된 메리츠금융그룹이다. 메리츠금융은 완전 모회사 지배 구조를 만들어 자본 배분 효율성을 극대화했다. 소유와 경영을 분리하여 전문 경영인 체제를 확립하고, 과감한 주주 환원 정책을 펼쳐 기업 가치를 크게 끌어올렸다.

[26)]

메리츠금융의 최대 주주는 조정호 회장이다. 그는 1958년생으로 한진그룹 창업자 조중훈 회장의 막내아들이다. 장남 조양호는 대한항공을, 차남 조남호는 한진중공업, 삼남 조수호는 한진해운을 물려받을 때 조정호 회장은 동양화재(현 메리츠화재)와 한일증권(현 메리츠증권)을 물려받았다. 동양화재는 우리나라 첫 손해보험사이지만 손에 꼽을 수 있는 보험사는 아니었다. 한일증권도 대형 증권사에 끼지 못했다. 물류, 항공, 해운 등 운송업을 주력으로 하는 한진그룹에서 알짜 계열사가 아니었다. 금융업은 한진그룹에서 가장 취약한 분야였다. 두 회사는 2005년에 한진그룹에서 분리되며 독자적으로 생존을 도모해야 했다.

메리츠금융그룹은 2011년 3월, 메리츠화재를 중심으로 지주회사인 메리츠금융지주를 설립했다.

당시 메리츠증권과 메리츠화재는 상장되어 있었고 그룹 지배 구조는 복잡했다. 조정호 회장은 중복상장으로 인한 경영 비효율을

---

26) 메리츠금융

고민하다가 2022년 11월, 메리츠화재와 메리츠증권의 주주에게 포괄적 주식 교환을 제안했다. 교환 비율은 메리츠화재는 주식 1주당 지주회사 주식 1.266주, 메리츠증권은 주식 1주당 지주회사 주식 0.161주였다.

포괄적 주식 교환은 자회사 주식을 전부 지주회사로 이전하면서 자회사 주주에게 지주회사 신주를 배정하는 제도다.

2023년 1월에 금융위원회 승인을 받아 4월에 주식 교환을 마무리하면서 상장사인 메리츠증권과 메리츠화재를 메리츠금융지주의 완전 자회사로 편입했다.

상장사를 완전 자회사로 편입하면 대주주 지배력은 떨어진다. 메리츠금융지주는 메리츠증권과 메리츠화재를 상장 폐지하고 지주회사가 계열사 지분을 100%로 보유하는 완전 자회사 체제로 전환했다. 이 과정에서 조정호 회장 지분율은 75.8%에서 47%로 감소했다. 향후 경영권을 물려줄 경우 상속세를 납부해야 하므로 지분율은 20% 이하로 떨어질 수 있다.

메리츠금융지주는 완전 자회사 체제로 전환하면서 발렌베리처럼 선진적 지배 구조를 구축했다. 중복상장으로 인한 디스카운트 우려도 불식했다. 문어발식 중복상장으로 덩치 키우기에만 집중하는 재벌 기업과 확연하게 달랐다.

〈메리츠금융그룹 개편 전후 지분율 변화〉

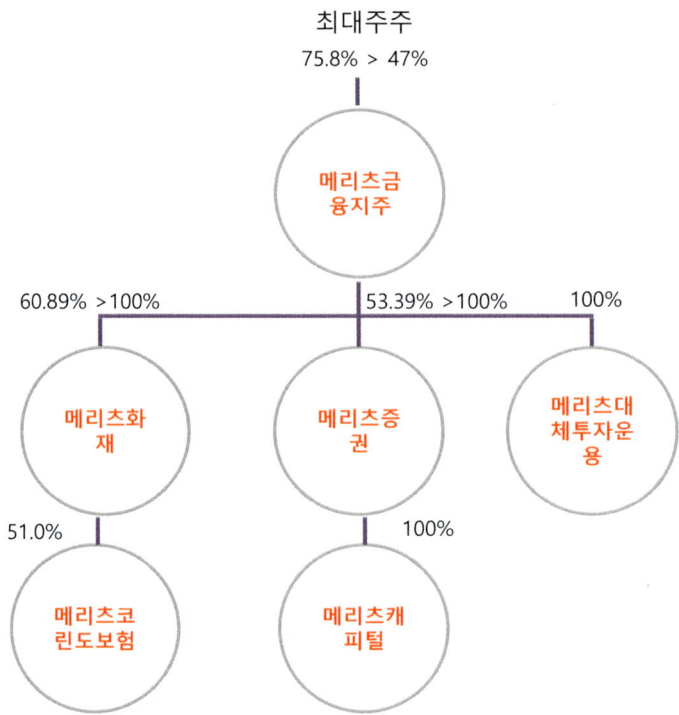

▶ 지배 구조 개편 후 조정호 회장 지분은 75.8%에서 47%로 감소했다.

대주주 1주와 일반 투자자 1주는 동등

지배 구조 개편에는 메리츠금융이 지주회사로 전환하는 과정에서 대주주 지배력이 떨어지는 것을 감수한 조정호 회장의 결단이 큰 역할을 했다.

이는 다른 재벌 그룹과 뚜렷하게 대조를 이룬다. 재벌 그룹은 사업 구조 개편이나 지배 구조 개선을 내세우면서, 총수 일가의 지배력을 강화하고 일반 주주 이익을 침해하는 경우가 많았다. 시장과 투자자는 반발할 수밖에 없었다.

조 회장은 평소 "승계는 없다. 함께 웃어야 오래 웃는다"며 "대주주 1주와 일반 투자자 1주는 동등한 가치를 가져야 한다"고 강조했다.

게다가 그는 일반 주주를 위해 감액 배당 제도를 활용하여 세금까지 내지 않게 해주었다. 감액 배당은 배당을 줄인다는 게 아니다. 자본준비금 일부를 이익잉여금으로 전환하여 주주에게 돌려주는 제도이다.

일반 배당은 기업이 영업 활동을 통해 벌어들인 이익잉여금을 주주에게 나눠 주는데 이때 배당소득세 15.4%가 붙는다. 자본준비금을 감액한 후 지급하는 감액 배당은 '자본 거래로 인한 소득'으로 잡히기 때문에 비과세다. 기존 주주가 낸 자본금을 되돌려주기 때문이다. 2011년에 상법을 개정하면서 신설되었다.

중복상장 시 모회사와 자회사 이해 상충

　최근 몇 년간 ㈜LG, SK㈜, 카카오 등 대기업 지주회사는 자회사를 줄줄이 중복상장했다. 카카오는 카카오뱅크, 카카오페이, 카카오게임즈를 연이어 상장했다.
　2024년 11월에 나온 'IBK투자증권 보고서'에 따르면, 국내 증시의 중복상장 비율은 18.4%이다. 미국(0.3%), 일본(4.3%), 대만(3.1%)에 비해 월등히 높다.
　중복상장을 하면 지배 주주는 적은 지주사 지분으로 계열사를 모두 지배할 수 있다. 그룹 시가총액이 증가하여 자금을 추가 조달하는 데도 유리하다. 주주 가치 제고보다는 기업 승계와 외형 확대에만 매달리는 지배 주주가 선호할 수밖에 없다.
　일반 주주에게는 불리할 수 있다. 물적분할로 중복상장하면 모회사와 자회사 사이에 이전 가격 등 이해 상충이 발생한다. 의사 결정도 느려진다. 회계상 연결 실적으로 잡히고 배당도 받지만, 모회사 주주는 자회사의 현금 흐름과 이익에 대한 권리가 제한된다.
　미국 기업은 모든 기업 가치를 일원화하기 위해 상장사를 1개만 유지한다. 애플, 마이크로소프트, 구글, 메타, 엔비디아는 자회사가 수백 개이고, 손자회사는 수천 개지만 상장 회사는 모회사 한 곳뿐이다. 유튜브가 수익을 많이 내지만 구글은 유튜브를 상장하지 않는다. 메타 플랫폼(구 페이스북)도 엄청난 수익을 올리는 인스타그램을 떼어내 상장하지 않는다.

일본도 상장 자회사를 없애고 있다. 1910년 설립된 히타치는 전자 산업을 비롯하여, 건설 기계, 금속, 반도체, 조선, 물류와 금융업까지 거느린 문어발식 대기업이었다. 상장 자회사도 수십 개를 거느렸지만 지금은 한 곳도 없다. 모회사만 상장되어 있다.

히타치 경영진은 유망한 자회사는 지분을 전부 사들여 상장 폐지했다. 비핵심 자회사는 매각하고 데이터 분석, 인공지능, 모빌리티 등 디지털 솔루션 사업에 집중했다.

시장은 주가 상승으로 보답했다. 히타치 주가는 2024년 한 해에만 90% 올랐다.[27] 실적 대비 주가는 미국 주요 기술주와 비슷한 수준까지 상승했다. 시가총액은 도쿄증권거래소 2위 자리를 넘보고 있다.

---

27) 한애란, "망해가던 대기업이 부활하려면? 히타치의 모범 답안", 동아일보, 2024.12.21

02.
순이익 50% 이상 주주 환원

▶ 메리츠타워

---

28) 메리츠금융지주

순이익 절반 이상 주주에게 돌려 주어

메리츠금융은 지배 구조를 개편하자마자 주주환원 정책을 발표하며, 2023 회계연도부터 연결 당기순이익의 50% 이상을 주주에게 환원하겠다고 약속했다.

이를 실천하기 위해 현금 배당을 하고 자사주를 소각했다. 실제 메리츠금융지주는 2022년 11월부터 2025년 1월까지 자사주를 1조 8,400억 원어치 매입했다. 이 중에서 8,400억 원어치를 소각했다. 2025년 3월, 다시 자사주 609만 941주를 소각했다. 1주당 가액은 500원으로, 소각 금액은 약 5,002억 원이다.

자사주 소각은 자기 주식을 없애 발행 주식수를 줄이는 행위다. 주식수가 줄면 기업의 당기순이익을 유통 주식수로 나눈, 주당순이익(Earnings Per Share: EPS)이 증가한다. 주당순이익이 증가할수록 주주 몫은 커지고 기업 가치는 높아진다.

2025년 2월 메리츠금융지주가 공개한 〈기업 가치 제고 계획 이행 현황〉에 따르면, 2024년 TSR은 78.3%를 기록했다. 2023년 주주환원 정책 시행 후 누적 TSR은 152.2%이다. 2024년 12월 말을 기준으로 3개년 연평균 TSR은 34.8%를 기록했다. 이때 국내 손보사는 21.5%, 국내 지주사는 16.4%에 불과했다.

2024년 메리츠금융지주의 주주환원율은 연결 당기순이익의 53.1%를 기록했다. 주주환원 실행 규모는 자사주 취득 신탁 계약 1조 원과 결산 배당 2,400억 원 등 1.24조 원이다.

주주환원율은 기업이 배당과 자사주 매입·소각에 쓴 돈을 순이익으로 나눈 비율이다. 배당을 늘리고 자사주를 매입할수록 높아진다.

주주환원율은 기업이 벌어 들인 순이익 중에 주주에게 얼마나 돌려 주었는지 보여준다. 메리츠금융의 주주환원율이 53.1%라는 것은 2024년 순이익 가운데 절반 넘게 주주에게 돌려 주었다는 뜻이다.

2024년을 기준으로 국내 4대 금융지주사의 주주환원율을 보면 신한지주가 40.2%로 가장 높다. 이어서 KB금융(39.8%), 하나금융지주(37.8%), 우리금융지주(33.3%) 순이다. 메리츠금융지주가 4대 금융지주사보다 12.9% 포인트에서 19.8% 포인트 높다는 사실을 알 수 있다.

2024년 1월, 윤석열 정부가 밸류업(기업 가치 제고) 정책을 추진하기 전부터 메리츠금융은 배당과 자사주 매입·소각을 통해 밸류업에 앞장 섰다.

▶ **용어 해설: 자사주**

회사가 자기의 계산으로 자사가 발행한 주식을 취득하여 보유하고 있는 주식을 말한다. 상법에서는 자사주 취득을 원칙적으로 금지하다가 주식의 매입·소각, 합병이나 영업 양도에 의한 양수 회사의 권리 행사, 주식매수청구권 행사 등에는 허용하고 있다.[29]

자기 주식 취득을 무제한 허용하지 않는 것은, 첫째 자기 주식 취득은 자본을 환급하는 것이므로 회사 자본이 축소되어 채권자의 이익을 해치고, 둘째 회사가 시세 조작이나 내부자 거래에 이용하는 등 폐해를 조장할 수 있고, 셋째 대표이사 등이 회사를 지배하는 수단으로 이용할 수 있기 때문이다.

2025년 5월, 자본시장연구원 김준석 위원은 자사주의 취득은 출자의 환급, 주식의 소각으로 보는 게 타당하다고 밝혔다. 그는 "자사주의 자산성을 부인하고 자사주 취득은 곧 소각으로 간주해야 경제적 실질에 부합하고 지배 주주의 남용 가능성을 줄일 수 있다"고 주장했다.[30]

---

29) 기획재정부 시사경제용어사전
30) 김준석, "자사주 마법과 자사주의 본질", 자본시장포커스, 2025.5.12

03.
한국판
버크셔 해서웨이

메리츠금융은 다른 재벌과 다르게 소유와 경영을 분리하여 전문 경영인 체제를 구축했다. 대주주인 조정호 회장은 경영권을 전문 경영인에게 완전히 위임했다. 전문 경영인이 내린 결정을 전적으로 신뢰하고 경영에 간섭하지 않았다.

메리츠금융은 김용범 부회장과 최희문 부회장이 경영을 총괄한다. 김 부회장과 최 부회장은 오랫동안 최고경영자로서 성과주의 보상 체계를 확립하여, 메리츠화재와 메리츠증권을 비약적으로 성장시켰다.

김 부회장은 2014년에 메리츠금융지주의 최고경영자로 취임했다. 취임한 해 메리츠금융지주의 당기순이익은 2,376억 원에 불과했지만 2023년에 2조 1,253억 원으로 크게 증가했다. 2024년에는 2조 3334억 원으로 10배 가까이 늘었고 2년 연속 순이익 2조 원을 돌파했다.

골드만삭스 상무 출신인 최 부회장은 2010년부터 14년 동안 메리츠증권을 이끌었다. 그는 메리츠증권에 미국식 금융 시스템을 도입했다. 취임 당시 206억 원이었던 메리츠증권 순이익은 2022년 8,280억 원으로 12년 만에 40배 넘게 증가했다.

> "메리츠에서 충성심은 금기어다. 측정할 수 없어 성과주의를 훼손할 수 있기 때문이다. 성과를 내면 충성하는 직원이다. 승진과 보상, 더 큰 도전의 기회는 성과를 내는 직원에게 부여한다."

2023년 김용범 메리츠금융지주 부회장이 삼프로TV 인터뷰에서 한 말이다.

메리츠는 충성심을 요구하지 않는다. 실적으로 능력을 증명하라며 한국에서 찾아보기 힘든 성과주의 조직 문화를 정착시켰다. 전문 경영진은 연공서열을 폐기했다. 임원보다 높은 연봉과 파격적인 승진을 약속하며 성과를 독려했다. 성과가 나면 보상은 언제나 두둑했다. 메리츠화재는 연봉 60%를 성과급으로 지급한다. 전문 경영인 연봉이 조정호 회장보다 많은 때도 있다.

메리츠금융에 미국식 성과주의가 뿌리내릴 수 있었던 것은 조정호 회장이 세습 경영을 포기하고 미국식 주주중심주의를 채택했기 때문이다. 재벌가 태생이지만 '한국식 총수 경영'을 중단하고, 능력 있는 전문 경영인을 영입하여 전권을 부여했다.

미국 경제 매체인 블룸버그(Bloomberg)는 2025년 3월, "메리츠금융은 워런 버핏이 이끄는 버크셔 해서웨이와 비슷하여 '메크셔 해서웨이'로 불린다"고 소개했다. 실제로 메리츠금융은 버크셔 해서웨이를 본보기로 삼고 있다.

버크셔 해서웨이는 가이코(GEICO), 내셔널인뎀니티컴퍼니(National Indemnity Company), 제너럴리(General Re) 등 굵직한 보험사를 거느리고 있다.

2022년 3월에는 미국 보험사 앨러게이니(Alleghany)를 116억 달러(약 14조 1천억 원)에 인수했다. 앨러게이니는 1929년 설립된 전통 있는 회사이다. 손해보험, 상해보험, 재보험 등 보험업을 비롯하여, 수익성 높은 비보험 사업체를 보유하여 '미니 버크셔'로 불린다.

미국의 경제 방송 CNBC에 따르면, 2024년 4분기 버크셔 해서웨이의 영업이익은 전년 대비 71% 급증한 145억 달러를 기록했다. 보험 인수 부문 이익은 34억 달러로 전년 대비 302% 폭등했다. 보험 투자 수익은 50% 증가했다.

메리츠금융은 주주 소통 강화와 자본 효율화 최우선 경영, 주주 가치를 중시하는 인수·합병 등을 통해 '한국의 버크셔 해서웨이'를 지향한다.

메리츠금융은 일반 주주와 소통을 강화하기 위해 2024년 5월, 금융업계 최초로 '열린 기업설명회(Investor Relation: IR)'를 도입했다. 홈페이지를 통해 일반 주주에게 질문을 받아 김용범 부회장, 최희문 부회장 등 경영진이 컨퍼런스콜(Conference Call)에 나와 직접 답변했다.

컨퍼런스콜은 '전화 회의'라는 뜻으로 회사 관계자가 기관투자가나 애널리스트 등에게 전화나 인터넷으로 회사 현황 등을 설명하고 질문에 답하는 비대면 기업설명회다. 주요 도시를 순회하며 여는 로드쇼(Road Show)나 대면 기업설명회보다 비용이 적게 들고 많은 주주가 참석할 수 있어 선진국에서 널리 활용한다.

메리츠금융 컨퍼런스콜에는 대주주나 기관투자자, 애널리스트만 참여하지 않았다. 일반 주주도 참여하여 질문했고 최고경영진은 직접 답변했다. 누구에게나 열려 있는 기업설명회였다.

열린 기업설명회는 매년 전 세계 각지에서 수만 명이 모이는 버크셔 해서웨이 주주총회에서 영감을 얻었다. 2025년 2월 열린 '2024년 컨퍼런스콜'에서 김용범 부회장은 "장기적 고수익률과 두터운 경영진 신뢰를 바탕으로, 장기 투자자 비중이 높은 버크셔 해서웨이와 같은 기업이 되겠다"고 밝혔다.

버크셔 해서웨이를 이끄는 워런 버핏

---

31) 픽사베이

메리츠금융의 선진적 지배 구조 개편과 주주 중심 경영은 곧바로 성과로 나타났다.

2014년 메리츠금융 당기 순이익은 2,376억 원에 불과했지만 2024년에는 2조 3,334억 원으로, 10배가량 증가했다. 주가는 2014년 1월 2일에 6,436원이었지만, 2024년 말 10만 4,000원을 기록하여 10년간 1,516% 올랐다. 최근 5년으로 좁혀도 1,126% 상승했다. 10배 상승한 종목을 가리키는 텐배거(Ten bagger)가 되었다.

시가총액은 더 놀랍다. 2025년 3월 21일 종가 기준으로 22조 3,905억 원이다. 신한지주의 24조 647억 원과 크게 차이 나지 않는다. 신한지주는 신한은행, 신한카드, 신한투자증권, 신한라이프생명보험, 신한캐피탈 등 자회사를 16개 보유하고 있지만 메리츠금융은 메리츠화재, 메리츠증권, 메리츠대체투자운용, 메리츠코린도보험, 메리츠캐피탈 등 5개사에 불과하다.

워런 버핏은 "가장 좋은 지배 구조는 대주주가 충분한 지분을 갖고 있으며 경영에 직접 참여하지 않고 최고의 전문 경영진을 임명하는 것"이라고 밝혔다. 메리츠금융은 워런 버핏의 경영 이념을 충실하게 실천하는 기업이다.

> ▶ **용어 해설: 텐배거(Ten bagger)**

주식 시장에서 10배 상승한 종목을 가리키는 말이다.

10루타를 뜻하는 텐배거는 야구에서 유래한 용어다. 1루타가 100%, 2루타는 200%라면, 10루타는 1,000%이다.

투자 수익률 10루타 종목 보유는 모든 투자자의 꿈이다. 텐배거는 피터린치가 처음 사용했다. 그는 1977년부터 1999년까지 13여 년간 마켈란펀드를 운용하며 거둔 누적 수익률이 무려 2,703%에 달했다.

한국거래소에 따르면, 포스코DX 주가는 2022년 말 6,250원에 출발하여 2023년 12월 28일에 74,200원으로 마감했다. 연간 수익률이 1087.2%를 기록하여 2023년 증시의 유일한 텐배거가 되었다. 2024년에는 한 종목도 텐배거에 등극하지 못했다.

04.
물적분할, 쪼개기 상장으로
일반 주주 희생시키는 재벌 기업

지난 2020년 9월, LG화학은 배터리 사업부를 물적분할하여 LG에너지솔루션을 설립했다. 곧이어 기업공개(IPO)를 통해 대규모 자본을 조달했다.

물적분할로 모회사인 LG화학 주주는 LG에너지솔루션 주식을 직접 보유할 수 없게 되었다. 핵심 사업부가 빠진 LG화학은 곧바로 주가가 하락했다. LG에너지솔루션이 상장한 후 3개월 동안 24.1%나 떨어졌다.

카카오는 2020년 9월, 카카오게임즈를 시작으로 2021년 8월과 11월에 카카오뱅크와 카카오페이를 쪼개기 상장했다. 카카오 주가는 카카오페이 상장 후 31.6%나 하락했다.

물적분할은 기존 회사의 특정 사업부를 떼어 새 회사를 설립하고 기존 회사가 주식을 100% 소유하는 분할 방식이다. 기존 주주가 새 회사의 주주가 되는 인적분할과 달리 기존 법인이 주주가 된다. 인적분할이 수평분할이라면 물적분할은 수직분할이다.

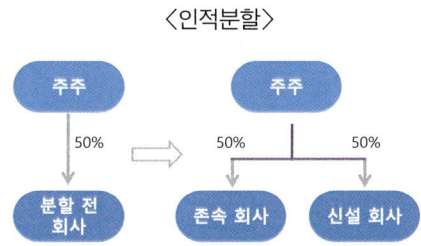

〈인적분할〉

　물적분할은 기존 회사가 신설한 자회사의 주식을 100% 소유하므로, 기존 회사 대주주나 총수는 자회사를 그대로 지배할 수 있다.

　일반 주주는 신설한 자회사 주식을 배분받지 못한다. 게다가 유망 사업부가 빠져나가면 기존 회사 주가가 하락하여 앉아서 손실을 본다.

　쪼개기 상장은 기존 상장사의 특정 사업부를 물적분할로 분리한 뒤 별도로 상장시키는 것을 가리킨다. 모회사와 자회사가 모두 상장되어 중복상장이라고도 한다.

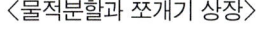

〈물적분할과 쪼개기 상장〉

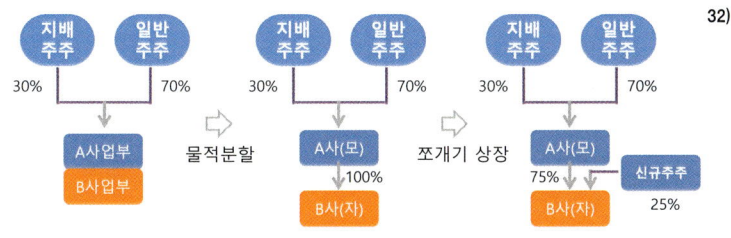

---

32)　금융위원회, '물적분할 자회사 상장 관련 일반 주주 권익 제고 방안', 2022.9.5

선진 자본 시장에서는 쪼개기 상장이 거의 일어나지 않는다. 미국은 이사회의 독립성을 입증하지 않으면 쪼개기 상장을 허용하지 않는다. 마이크로소프트, 구글, 메타, 애플은 상장사가 1개이다.

기업 분할은 외환 위기가 닥친 1998년, 기업 구조 조정 활성화를 위해 도입했다. 수익성이 낮은 사업부를 떼어내고 핵심 사업에 집중하라는 취지였다. 지금은 성장 가능성이 큰 사업부를 떼어내는 데 주로 쓰인다. 기업은 대규모 투자 자금을 조달하는 게 목적이라고 설명한다.

금융투자협회의 〈증권인수업무 등에 관한 규정〉에 따르면, 기업 공개 공모 주식은 우리사주조합 20%, 일반투자자 청약 25%, 기관투자자 55%로 배정된다. 모회사 일반 주주는 공모 주식을 우선적으로 받을 수 없다.

자회사의 사업 분야가 유망하다면 신규 투자자는 모회사보다는 자회사를 선호하게 마련이다. 모회사의 유망 사업부를 물적분할하여 중복 상장하면, 모회사 주가는 대부분 하락한다.

일반 주주는 회사가 앞으로 성장할 거라고 기대하고 주식을 산다. 회사가 유망 사업부를 떼어 자회사를 만들어 상장하면 일반 주주는 해당 사업부를 간접 소유하게 되어 자회사가 성장해도 혜택을 제대로 받지 못한다.

쪼개기 상장은 코리아 디스카운트의 주범이다. 쪼개기 상장을 하면 기업 가치가 이중으로 계산된다. 모회사 시가총액이 2조 원인데 모회사가 지분 80%를 갖고 있는 자회사가 1조 원으로 상장하면,

모회사 시가총액은 이미 자회사 기업 가치의 80%를 포함하기 때문이다.

쪼개기 상장은 이중으로 계산된 비율만큼 주가수익비율(PER)이나 주가순자산비율(PBR)을 떨어뜨린다.

블룸버그(Bloomberg)와 삼일PwC경영연구원에 따르면, 2023년 말 기준 주요국 상장 기업 10년 평균 PER을 보면, 한국은 14.16으로 인도(25.62), 미국(21.78), 일본(16.86), 영국(16.09)보다 낮다. 대만(15.95)에도 미치지 못한다.

〈주요 국가 상장 기업 10년 평균 PER〉[33]

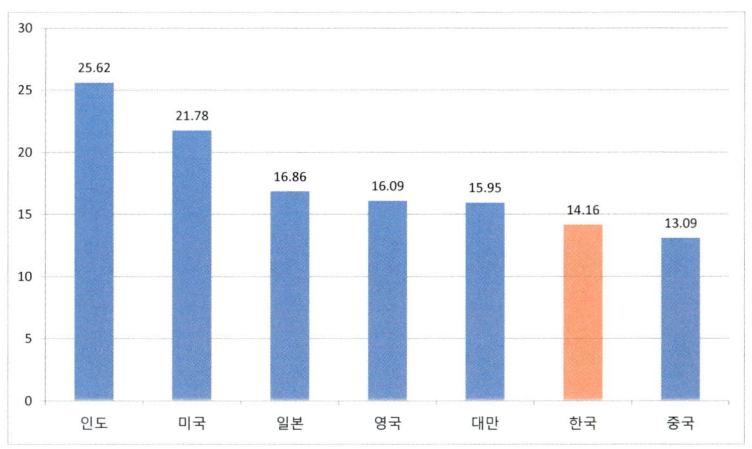

---

33) 키자매거진 재구성, 2025.3.17

PBR도 비슷하다. 한국은 1.04로 미국(3.64), 인도(3.32)와 차이가 크게 난다. 대만(2.07), 영국(1.71), 중국(1.50), 일본(1.40)보다 낮다.

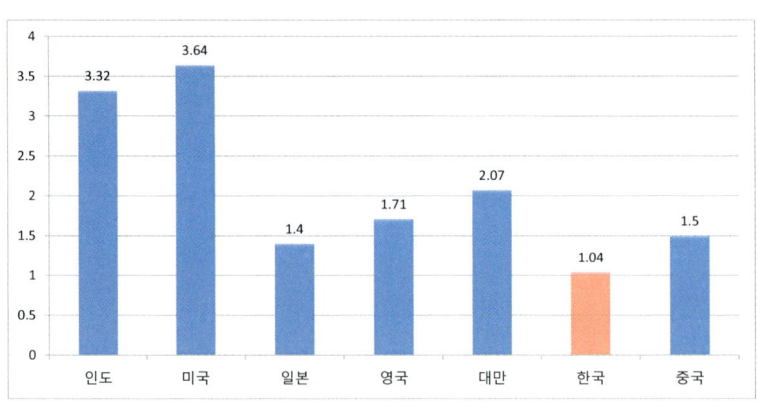

〈주요 국가 상장 기업 10년 평균 PBR〉[34]

IBK투자증권에 따르면, 2024년 한국 증시의 쪼개기 상장 비율은 18.4%로 나타났다. 이는 분할하여 상장한 자회사 시가총액이 전체 시가총액의 18.4%라는 의미이다. 한국 증시의 쪼개기 상장 비율은 미국(0.35%)의 53배에 달한다. 일본(4.38%), 대만(3.18%)을 압도한다.

네이버증권에 따르면, 2024년 9월 19일을 기준으로 코스닥과 코스피 상장 국내 지주사는 총 130개다. 이 중에서 주가순자산비율(PBR)이 1을 넘는 지주사는 13개사다.

---

34) 키자매거진 재구성, 2025.3.17

2021년, 신한투자증권은 지나치게 높은 쪼개기 상장 비율은 한국 증시를 구조적으로 저평가하게 만든다고 분석했다. 2022년 자본시장연구원은 자회사가 상장하면 모기업의 기업 가치가 하락한다고 발표했다.

한국은 2000년대 초반까진 쪼개기 상장 비율이 4%대에 그쳤지만 20년 사이에 4배 넘게 뛰었다. 한국 증시가 저평가되지 않을 수 없다. 개미 투자자는 '한국 증시 탈출은 지능 순'이라고 자조하며 미국 증시에 올인한다. 일반 주주를 호구로 만드는 쪼개기 상장은 엄격하게 제한해야 한다.

메리츠금융은 LG나 카카오와 달리, 대주주 지분율 하락을 감수하면서 일반 주주와 이익을 공유하는 '합치기 상장'을 단행했다.

메리츠금융은 일반 주주와 이익을 나누고 신뢰를 쌓아, 코리아 디스카운트를 해소한 모범 기업이다. 한국 재벌 경영사에 훌륭한 선례를 남겼다.

> **용어 해설: PER과 PBR**
>
> 주가수익비율(PER: Price on Earning Ration)은 현재 주가를 주당순이익(순이익/총 발행주식수)으로 나눈 값이다. 주가수익배율이라고도 한다. PER은 주가가 주당순이익의 몇 배가 되는지를 나타내주기 때문에 PER이 높다면 수익에 비해 주가가 고평가되었다고 볼 수 있다.
>
> 주가순자산비율(PBR: Price to Book Ratio)은 주가를 주당 순자산가치로 나눈 값이다. 기업 순자산과 비교하여 주가가 얼마나 높은지 나타낸다. 기업의 시장 가치와 장부 가치를 비교하여 주가의 평가 수준을 보여주는 지표다.
>
> PBR이 1배이면 시장 가치와 장부 가치가 동일하다는 뜻이다. PBR이 1배 미만이면 시가총액이 장부상 순자산가치(청산 가치)에 못 미칠 정도로 저평가되었다는 의미다. 회사 자산을 모두 장부 가치로 처분하여 받을 수 있는 금액보다 현재 주가가 낮다는 뜻이다.[35]

---

35) 기획재정부 시사경제용어사전

3장

코리아 디스카운트의 실상

01.
코리아 디스카운트 원인

주주환원 최하위

코리아 디스카운트(Korea discount)는 한국 상장 기업 주가가 수준이 비슷한 외국 상장 기업에 비해 낮게 형성되는 현상이다. 2000년대 초부터 나타나 현재까지 사라지지 않고 있다.

코리아 디스카운트는 자본 시장에서 국내 우량 기업이 장기 자금을 조달하기 어렵게 만든다. 투자자에게 경제 기초 여건(Fundamental)에 비해 지나치게 낮은 가격으로 지분을 매각하게 한다. 상장 기업의 대외 이미지는 추락하고 임직원 사기는 떨어진다.

2025년 3월, 한국은행은 전 세계 선진·신흥 20개국(G20)에 속한 16개국 3,560개 기업의 가치와 주주 보호, 주주환원 수준을 분석했다. 국내 상장 기업은 총 128개를 분석했다. 이 기업들이 우리나라 전체 시가총액에서 차지하는 비중은 71%였다.

분석 결과, 경영진·지배 주주의 '사적 이익 추구 방지 지수(anti-self-dealing Index)'는 8위로 중위권에 머물렀다. 사적 이익 추구 방지 지수는 기업 간 거래에서 지배 주주의 사적 이익 추구를 방지할 수 있는 사전·사후 규제 수준을 나타낸다. 거래 전 주주의 승인 절차, 공시 수준, 주주 소송권, 거래 무효화 가능성 등이 주요 평가 항목이다.

배당금과 자사주 매입 등 국내 기업의 주주환원 수준은 최하위에 머물렀다. 배당 성향은 16개국 중 가장 낮았다. 배당 성향은 당기순이익 중에 현금으로 지급한 배당금 총액 비율이다. 자사주 매입 등 주주환원 규모는 0.2배로 튀르키예, 아르헨티나 다음으로 저조했다. 주주환원 방식도 배당금 지급에 편중되었다. 주로 자사주를 매입하는 미국, 영국, 캐나다와 달랐다.

우리나라 기업의 평균 '주주 보호 점수'는 6.8점으로 16개국 중 12위로 나타났다. 영국은 9.3점, 미국은 8.9점이었다. 한국은 브라질(8.2점)과 인도(7.5점)보다 낮았다.

주주 보호 점수는 최대 주주의 거부권 보유, 경영진 보수에 대한 주주 투표권, 주식 보상 방식에 대한 주주 승인권, 이사회 내 사외이사 비중 등 일반 주주 권리와 관련된 12개 항목을 평가하여 산출한다.

> **용어 해설: 경제 기초 여건(펀더멘털, Fundamental)**
>
> 원래 '기본적인, 근본적인'이란 뜻을 가진 펀더멘털(Fundamental)은 한 나라의 경제 상태를 나타내는 데 가장 기초적인 경제성장률, 물가상승률, 경상수지, 실업률, 외환보유고 등의 주요 거시경제 지표를 가리킨다.
> 환율 변동에 관련하여 단기적으로는 환율이 펀더멘털의 변화를 예상하여 변동하고, 중장기적으로는 환율이 펀더멘털 상태에 따라 움직인다.[36]
> 주식 시장에서는 매출액, 영업이익, 현금 흐름 등 기업의 핵심 지표를 가리킨다.

결정적 원인은 후진적 기업 지배 구조

학계와 금융가에서는 코리아 디스카운트 원인으로 크게 다섯 가지를 꼽는다. 후진적인 기업 지배 구조, 저조한 주주환원, 쪼개기 상장, 국내 투자자의 단기 투자 성향, 회계 정보의 불투명성이다.

이 중에서 가장 결정적인 원인은 후진적인 기업 지배 구조다. 2024년 2월, 중앙일보가 강성진 고대 교수, 김학균 신영증권 상무 등 학계와 국내외 기관 투자자 20명을 대상으로 설문 조사한 결과,

---

36) 기획재정부 시사경제용어사전

이들은 코리아 디스카운트의 가장 큰 원인으로 후진적인 기업 지배 구조를 꼽았다.[37]

응답자 20명 중 12명은 한국 증시는 40% 이상 디스카운트되었다고 답했다. 50%나 저평가되었다고 밝힌 전문가는 5명이었다. 40%로 추산한 디스카운트가 사라진다면 코스피는 3000선을 가볍게 넘어 4000선에 근접한다.

후진적인 기업 지배 구조는 한국에서만 찾아볼 수 있다. 대기업 총수 일가가 적은 지분으로 기업 전체를 지배하면서 일반 주주의 이익을 침해하는 일이 끊이지 않는다.

코리아 디스카운트는 지배 주주가 회사는 주주의 것이 아닌 자기만의 것이고, 주주에게 투자받은 자본은 공짜라는 인식에서 비롯된다.

한국 상장 기업은 대개 지배 주주가 경영권을 갖고 있다. 자산총액 5조 원 이상인 공시대상기업집단을 보면, 총수 일가는 지분을 평균 3.5% 보유하지만 계열사 지분, 자사주 등을 통해 의결권은 61.1%를 갖고 있다. 일반 주주는 지분을 96.5% 갖고 있지만 의결권은 39.9%에 불과하다.

2024년 9월, 공정거래위원회가 공개한 〈2024년 공시대상기업집단 주식 소유 현황〉에 따르면, 총수 있는 기업집단 78개의 내부지분율은 61.1%이다. 이 중에서 총수 일가가 3.5%, 계열사가 54.9%를 보

---

37) 염지현·나상현·손해용, "한국증시, 40% 이상 디스카운트", 중앙일보 2024.2.15

유하고 있다. 내부지분율은 계열사의 총 발행 주식 중에 동일인, 친족, 계열사, 비영리법인, 임원 등이 보유한 주식의 비율을 가리킨다.

이렇게 지배 주주의 소유권과 지배권의 괴리가 크다 보니 지배 주주가 사익을 추구할 욕구가 강할 수밖에 없다. 게다가 이사회는 허울뿐이고 기관투자자의 역할은 미약하여 지배 주주가 무능해도 교체하기 어렵다. 일반 주주가 지배 주주를 견제할 수 있는 장치는 거의 없다.

지배 주주는 고액 보수, 일감 몰아주기, 계열사 간 불공정한 합병 비율과 같은 땅굴파기(tunneling)와 횡령·배임을 통한 비자금 조성 등으로 자기 지분율을 초과하여 기업의 이익을 편취하고 있다. 일반 주주 이익을 침해하고 기업 가치를 심각하게 훼손한다.

재벌 계열사는 영업 실적과 무관하게 주가가 국내외 경쟁사보다 낮은 경우가 많다. 삼성전자, 현대자동차, SK하이닉스 등 간판 기업은 해외 경쟁사보다 증시에서 높은 평가를 받지 못한다. '재벌 디스카운트'이다.

이는 대규모 투자, 신사업 진출, 임원 승진 등 중대한 의사 결정을 최고경영자와 이사회가 하지 않고, 공식 직책이 없는 총수와 비서실이 주도하기 때문이다. 그릇된 의사결정으로 일반 주주가 큰 피해를 봐도 총수는 물러나지 않는다. 물러나도 여론이 잠잠해지면 아무 일 없었던 것처럼 복귀한다.

대표적인 예가 대한항공이다. 도덕적 해이로 유명한 대한항공 경영진은 총수 가족 회사에 일감을 몰아주고, 자격 없는 총수 자녀를 계열사 사외이사로 선임하는 등 전횡을 일삼았다. 2009년 4월부터 2018년 5월까지 시가 1억 5천만 원 상당의 국외 명품과 생활용품 1,061점을 회사 물품인 것처럼 위장하여 밀수입까지 했다.[38]

코리아 디스카운트를 해소하려면 먼저 지배 구조를 바꿔야 한다. 최고경영자와 이사회가 권한과 책임을 가지고 의사 결정을 할 수 있어야 한다. 총수 일가가 경영에 참여하고 싶으면 이사회 의장이나 최고경영자를 직접 맡아야 한다.

최고경영자 선임과 후계자 양성, 주요 사업 승인, 주주 정책 등 이사회 역할을 활성화해야 한다. 사외이사 인력군을 늘리고 이사회는 대부분 사외이사로 채워야 한다.

이사회는 경영진을 견제·감시해야 하고 국적, 성별, 학력, 경력이 다른 전문가를 충원하여 다양한 목소리가 내야 한다. 특히, 여성과 외국인을 많이 영입해야 한다. 한국은 수출로 먹고 살지만 국제 경험이 풍부한 외국인을 사외이사로 영입한 재벌 기업은 거의 없다.

---

38) 정은주, "한진 일가 명품 밀수 10년간 7억 원 드러나", 한겨레, 2018.12.27

▶ **용어 해설: 대규모기업집단(대기업집단)**

국내 계열사의 자산총액(금융보험사는 자본금 또는 자본총액 중에 큰 금액)이 5조 원 이상인 기업집단을 말한다.

대규모기업집단은 공시대상기업집단과 상호출자제한기업집단으로 나뉜다. 공시대상기업집단은 자산총액 5조 원 이상인 기업집단이다. 기업집단 현황, 비상장사 주요 사항, 대규모 내부거래를 공시해야 하고 특수관계인에게 부당한 이익을 제공할 수 없다.

상호출자제한기업집단은 자산총액이 국내총생산액(GDP)의 0.5% 이상인 기업집단이다. 공시대상기업집단의 제한 사항 외에 상호·순환출자와 채무보증 금지, 금융보험사 의결권 제한 등이 적용된다.

기업집단은 '동일인이 사실상 사업 내용을 지배하는 회사의 집단'으로 두 개 이상의 회사로 구성된다. 동일인이란 기업집단을 사실상 지배하는 자연인이나 법인을 말한다. 공정거래위원회는 매년 사업연도 말을 기준으로 대규모기업집단 소속 계열사의 지분율과 재무제표를 발표한다.[39]

2025년 5월, 공정거래위원회는 92개 기업집단(소속 회사 3,301개)을 공시대상기업집단으로 지정했다. 공시대상기업집단은 2024년 88개와 비교하여 4개 늘었고 소속 회사는 17개 줄었다. 새로 지정된 기업집단은 엘아이지, 대광, 사조, 빗썸, 유코카캐리어스이다.

공시대상기업집단 중 자산총액이 최근 명목 GDP 확정치인 2,324조 원의 0.5%에 해당하는 11.6조 원 이상인 46개 기업집단(소속 회사 2,093개)은 상호출자제한기업집단으로 지정되었다. 2024년의 기업집단 48개, 소속 회사 2,213개와 비교하여 각 2개, 120개 감소했다. 새로 지정된 집단은 한국앤컴퍼니그룹, 두나무이다. 2024년 상호출자제한기업집단이었던 교보생명보험, 태영, 에코프로는 공시대상기업집단으로 하향 지정되었다.[40]

---

39) 기획재정부 시사경제용어사전
40) 공정거래위원회, '2025년 공시대상기업집단 등 지정 결과 발표', 2025.5.1

02.
재벌 거수기, 국민연금공단

[41]

▶ 국민연금은 국민의 노후 자금을 관리하는 수탁자로서 의결권을 적극 행사해야 한다.

2025년 2월 말을 기준으로 국민연금은 국내 증시에서 153조 원을 운용하고 있다. 2024년 말을 기준으로 국민연금이 지분을 5% 이상 보유한 국내 기업은 271곳이다. 10% 이상 보유한 기업은 35곳이다. 어마어마한 큰 손이다. 이렇게 큰 손이 투자한 국내 기업의 수익성과 투명성이 높아지면 국민연금은 수익률을 크게 높일 수 있다.

2018년 7월, 국민연금은 투자 기업에 대한 주주권 행사를 강화하는 〈스튜어드십 코드(Stewardship code)〉를 도입한다고 발표했다. 스

---

41) 국민연금공단 홈페이지, https://www.nps.or.kr/main.do

튜어드십 코드는 상장사 주식을 보유한 연기금과 자산운용사 등 기관 투자자가 타인 자산을 운용하는 수탁자로서 책임을 다하기 위해 이행해야 할 행동 지침이다. 2016년 12월에 제정된 후 2024년 말까지 4대 연기금과 133개 운용사를 포함하여 239개 기관 투자자가 채택했다.

스튜어드십 코드는 재벌 기업의 지배 구조를 선진화할 수 있는 유력한 지침이다. 최고경영자·사외이사 선임, 배당, 인수·합병 등 의사결정을 할 때 국민의 노후 자금을 관리하는 수탁자로서, 국민연금이 일반 주주 편에 서서 의결권을 행사하면 지배 구조를 획기적으로 개선할 수 있다. 일반 주주 권익을 보호하고 기금 운용 수익률을 높일 수 있다.

그동안 국민연금은 주주총회에서 횡령·배임 등으로 사회적 물의를 빚은 재벌 총수의 사내이사 재선임 안건 등에 기권하거나 중립 의사를 밝혔다. 반대 의견을 내는 경우는 적었다. 막대한 지분을 가진 주주이지만 자기 역할을 다하지 못해 일반 주주는 국민연금을 종이호랑이나 주주총회 찬성 자판기, 재벌 거수기라고 불렀다.

대표적인 예가 2015년, 삼성물산과 제일모직 합병 사건이다. 당시 국민연금은 삼성물산 지분을 11.21%를 보유한 대주주였다. 제일모직·삼성물산 합병 비율인 1 대 0.35는 제일모직 최대 주주인 이재용 삼성전자 회장에게는 지나치게 유리하고, 삼성물산 주주에게는 매우 불리했다.

합병 과정에서 당시 문형표 보건복지부 장관과 홍완선 국민연금공단 기금운용본부장은 국민연금공단 실무자에게 합병에 찬성하라고 압력을 가했다. 2019년, 국민연금공단은 합병 손실이 6,815억 원이라고 국회에 보고했다. 참여연대는 합병으로 국민연금은 최대 6,750억 원을 손해 보았다고 추산했다.

스튜어드십 코드를 행사할 경우, 국민 돈으로 매수한 주식으로 정부가 민간 기업 경영에 간섭하는 '연금 사회주의'라고 비판받을 수 있다. 정부가 재벌을 길들이기 위해 국민연금을 이용한다는 오해도 살 수 있다.

국민연금이 이런 비판에서 벗어나려면 체계적인 '지배 구조 평가 체제'을 구축하고, 통화 정책을 담당하는 한국은행과 같이 독립성과 투명성을 확보해야 한다. 구체적 지침을 발표하고 국내외 지배 구조 전문가의 도움을 받아 투자한 기업의 지배 구조 순위를 매년 발표한다면 투명성을 높일 수 있다.

일반 주주도 경영진을 견제하고 감시할 수 있어야 한다. 이사를 선출할 때 일반 주주를 대변하는 이사 후보에게 의결권을 몰아줄 수 있는 집중투표제를 모든 상장사에 의무화해야 한다.

2023년, 삼일회계법인에 따르면 집중투표제를 채택하고 있는 회사는 5% 미만이다. 집중투표제는 1998년에 소액주주 권리를 보호하려고 도입했으나, 회사가 정관으로 배제할 수 있어 유명무실하다.

전자투표 의무화도 필요하다. 전자투표는 의결권 행사를 쉽게 할 수 있도록 하여 일반 주주의 권리를 보호한다. 국내 상장사는 대부분이 3월 하순에 정기 주주총회를 집중적으로 개최한다. 이는 주주총회에 참석하여 의결권을 행사하려는 일반 주주의 권익을 심각하게 훼손한다.

한국예탁결제원에 따르면, 2024년 12월 결산한 상장법인의 주식 보유자 1인당 평균 소유 종목수는 5.79개이다. 주주는 약 6개사 주총에 참여해 의결권을 행사할 권리가 있지만 주주총회가 같은 날 열려, 주주 권리를 행사하지 못하는 경우가 많았다.

전자투표는 2010년 5월부터 시행했다. 의무 사항은 아니다. 자본시장연구원에 따르면, 2024년 2~3월에 주주총회를 개최한 2,480개사 중에 전자투표를 채택한 회사는 1,517개사로 61.1%를 차지했다.

▶ **용어 해설: 연금 사회주의**

정부나 공기업 등이 국민의 돈으로 형성된 연금을 활용하여 기업 경영에 과도하게 영향력을 발휘하는 행태를 말한다.
연금 사회주의는 '현대 경영학의 아버지' 피터 드러커가 1970년대 중반 미국 연금들이 최대 주주로 올라서 기업 경영에 간섭한 것을 비판하며 내놓은 개념이다. 한국에서도 자본 시장에서 연금이 차지하는 비중이 높아지면서 연금 사회주의가 주목을 받고 있다.
국민연금공단이 스튜어드십 코드를 도입하여 투자한 기업의 의사 결정에 적극적으로 참여한다면 국민연금에 지배력을 가진 정부가 기업 경영을 좌우하는 '연금 사회주의'가 현실화할 것이라는 우려가 나오고 있다.[42]

---

42) 기획재정부 시사경제용어사전

03.
운 좋은 정자 클럽,
재벌 2세

전문 경영과 오너 경영, 무엇이 효율적일까?

오너 경영과 전문 경영 중에 어느 체제가 효율적일까? 이는 우리나라 재계와 학계에서 오랫동안 논란이 그치지 않는 주제다.

기업 경영 체제는 두 가지로 나눌 수 있다. 기업이 전문가를 영입해 최고경영자(CEO)로 앉히는 '전문 경영'과 지배 주주가 직접 최고경영자까지 맡아 기업을 이끄는 '오너 경영'이다.

전문 경영 체제는 역량이 검증된 전문가를 영입하거나 내부에서 발탁하여 실적 향상을 기대할 수 있다. 의사결정은 민주적이고 투명하다. 객관적인 견제 장치를 통해 최고경영자의 독단과 도덕적 해이를 막을 수 있다. 지배 주주의 영향력이 적어 일반 주주 권리를 침해하는 일이 적다.

단점도 많다. 전문 경영인은 임기가 있고 실적을 통해 평가받는다. 장기적 관점에서 사업을 추진하기보다 주주 가치 극대화를 명분으로 단기적인 실적 향상에 치중할 가능성이 높다. 위기가 닥치면 신속하고 과감하게 돌파하기보다는 의사결정이 늦어 뒷북을 치거나, 긴축 경영으로 '폭풍우는 그치고 바다는 다시 고요할 것'이라는 보수적, 현상 유지적 경영에 빠질 수 있다. 경영이 실패해도 책임을 인정하지 않으려고 한다. 자신이 사임해야 하기 때문이다.

오너 경영은 경영자가 지배 주주이므로 강력한 리더십을 가지고 과감하고 장기적으로 투자할 수 있다. 계열사 간에 의견을 조율하기 쉽고 신속하게 전략을 세울 수 있다. 과감하고 빠른 의사결정은 불황기나 경영 환경이 급변할 때 기민하게 대응할 수 있게 한다. 이는 개발 독재 시대에 우리나라 경제 성장의 원동력이었다.

단점은 지배 주주 가문에서 최고경영자가 나오기 때문에, 검증되지 않은 총수 일가가 경영권을 잡을 수 있다. 최고경영자가 판단력이 미숙하여 잘못된 결정을 내려도 이사회가 경영권 박탈 등으로 견제하기 어렵다. 재계 서열을 중시하여 수익보다 외형을 우선하고 의사결정은 불투명하고 독단적일 수 있다. 경영권 오남용과 사익 편취가 광범위하게 일어날 수 있다.

〈오너 경영과 전문 경영의 장단점 비교〉

	오너 경영	전문 경영
장점	- 과감하고 장기적인 투자 - 계열사 간 용이한 의견 조율 - 신속한 경영 전략 수립 - 위기에 기민하게 대응	- 검증된 전문가 영입·발탁으로 실적 향상 - 민주적이고 투명한 의사결정 - 무모하고 독단적인 경영 방지 - 일반 주주 권리 침해 감소
단점	- 역량 없는 총수 일가가 경영권 장악 - 견제 장치 부재로 독단적 의사결정 - 경영권 오남용과 사익 편취 - 후계 문제로 경영권 분쟁	- 주주 가치 극대화를 명분으로 단기 실적에 치중 - 위기 시에도 보수적, 현상 유지적 경영 - 경영 실패 시 책임 불인정

반기업 정서는 없다. 반재벌 정서는 있다

OECD 회원국을 포함하여 전 세계 많은 국가에서 기업 지배 구조의 기준으로 활용하는 원칙이 있다. 바로 'OECD 기업지배구조 원칙'이다.

우리나라에서는 '한국 스튜어드십 코드'와 한국ESG기준원의 '기업지배구조 모범 규준', 한국거래소의 '기업지배구조 원칙'이 이를 반영하고 있다. 의결권 행사 등 적극적으로 주주 참여 활동을 펼치는 기관투자자도 중요한 행동 기준으로 삼고 있다.

주요 원칙은 시장의 투명성과 공정성 제고, 소액주주와 외국인 주주를 포함한 모든 주주의 평등한 대우, 주주 권리 침해에 효과적 구제 수단 보장을 비롯하여 기업의 재무 상태와 경영 성과, 주주 구성 등을 시의적절하고 정확하게 공시, 경영진에 대한 이사회의 효과적인 감시, 회사와 주주에 대한 이사회의 책임 보장, 그룹 내 상장사의 감독 보장이다. 이밖에 자본 구조와 기업집단 구조, 지배 구조의 공시, 특수 관계자 거래에 대한 주의, 이사회 구성원의 정보 접근, 기업에 대한 기관 투자자 참여 촉진과 지원 등이 있다.

〈2015년 개정 OECD 기업지배구조 주요 원칙〉

항목	주요 내용
효과적인 기업지배구조 체계 구축	- 시장의 투명성과 공정성을 제고하고, 자원의 효율적 배분에 기여해야 한다. - 법의 지배 원칙에 부합하여야 하고, 효과적인 감독과 집행을 지원해야 한다.
모든 주주에 대한 평등한 대우와 주주권 침해 구제	- 주주의 권리 행사를 보호하고 촉진하며, 소액주주와 외국주주를 포함한 모든 주주의 평등한 대우를 보장해야 한다. - 모든 주주에게 권리 침해에 대한 효과적 구제 수단을 보장해야 한다.
기관투자자, 주식시장, 기타 유관기관	- 투자 체인(investment chain)을 통해 건전한 인센티브를 제공하고, 주식 시장이 바람직한 기업지배구조를 형성하는 데 기여할 수 있어야 한다.
기업지배구조 내에서 이해관계자 역할	- 법률이나 상호 합의에 따라 형성된 이해관계자의 권리를 인식하고, 기업과 이해관계자 간에 협력을 적극 유도하여 부와 고용을 창출하고 재무적으로 건전한 기업의 지속가능성을 제고하여야 한다.
공시와 투명성	기업의 재무 상태, 경영 성과, 주주 구성, 지배 구조를 포함한 모든 중요 사항의 시의적절하고 정확한 공시를 보장해야 한다.
이사회 책임	회사의 전략적 지도, 이사회의 경영진에 대한 효과적인 모니터링, 이사회의 회사와 주주에 대한 책임성을 보장해야 한다.

이는 모두 기업의 주인은 주주라는 관점에서 보면 지극히 당연하고 상식적이며, 지배 주주가 결심만 하면 언제든지 지킬 수 있는 원칙이다.

재벌가 경영자는 종종 우리나라는 반기업 정서가 강해 기업 하기 힘들다고 하소연한다. 솔직하게 얘기해보자. 우리나라에 반기업 정서는 없다. 반재벌 정서가 있을 뿐이다. 국민은 기업이 경제 발전의 주역이고 부가가치의 근원이며 일자리 원천이라는 사실을 잘 알고 있다. 기업이 부실화하면 국가 경쟁력이 떨어지고 국민이 궁핍해진다는 사실도 IMF 외환위기 때 뼈저리게 경험했다. 학업을 마친 청년 대부분이 기업체 입사를 꿈꾸는 나라에 애초부터 반기업 정서는 없었다.

반재벌 정서는 재벌 총수 일가가 'OECD 기업지배구조 원칙'과 법을 지키지 않고 기업의 주인은 주주라는 사실을 망각했기 때문에 싹트고 자라났다.

상장사 절반, 오너가 직접 경영

바람직한 기업 지배 구조는 최신 경영학 이론이나 뛰어난 경영 능력이 있어야 구축할 수 있는 게 아니다. 법과 원칙, 건전한 상식으로 충분하다.

뛰어난 경영자는 경영학 박사 학위나 글로벌 기업 경력으로 탄생하지 않는다. 성장과 가치 창출을 위해 투철한 기업가 정신을 발휘할 때 탄생한다.

2023년 4월, 기업 경영 연구소인 CEO스코어가 국내 상장 기업 715곳을 조사한 결과, 공동·각자 대표를 포함한 대표이사 총 981명 중 47.9%인 470명이 오너 일가로 나타났다.[43] 우리나라는 상장 기업의 절반 가까이를 오너가 직접 경영하고 있다는 사실을 알 수 있다.

10대 기업으로 좁히면 비율은 크게 올라간다. 2024년 5월, 공정거래위원회에 따르면, 자산총액을 기준으로 10대 기업은 삼성, 현대자동차, SK, LG, 포스코, 롯데, 한화, HD현대, GS, 농협이다. 이 중에서 지배 주주가 없는 포스코와 농협을 제외한 8개사는 모두 총수 일가가 경영한다.

우리나라 명목 국내총생산(GDP)의 40%를 넘게 차지하여 재벌 사대천왕이라 부르는 삼성, SK, 현대차, LG도 오너 경영 체제다. 한국 경제는 사실상 오너 경영자가 좌지우지하고 있다.

2021년 10월, 전국경제인연합회(현 한국경제인협회)는 세계 시가총액 100대 기업 중 40대 기업이 오너 기업이라고 발표했다. 시가총액 상위 10대 기업 중에 마이크로소프트, 알파벳, 사우디아람코, 아마존, 페이스북, 테슬라, 텐센트, 엔비디아 등 8곳이 오너 기업이라고 강조했다. 해외에서도 오너 경영이 우세하다는 말을 하고 싶은 듯하다.

---

43) 유수정, "상장 중견기업 CEO 절반이 오너 일가", CEO스코어데일리, 2023.4.12

학계에는 이와 다른 연구 결과가 많다. 2019년 8월, 서울시립대 강형철 교수와 한림대 변희섭 교수가 최고경영자 교체가 상장 기업 가치에 미치는 영향을 분석한 결과, 자녀 등 친족을 최고경영자로 선임할 경우 기업 가치가 낮아지는 것으로 나타난다.

이는 친족 등용 성향이 경영자 시장의 효율성을 제약하여 기업 가치를 떨어뜨린다는 멕시코 자치공과대 페레즈 곤잘레스(Perez-Gonzalez) 교수의 2006년 연구 결과와 일치한다. 그는 가족 중에서 대표이사를 선임하는 것은 2000년 올림픽 금메달리스트의 장자를 2020년 올림픽 국가대표로 선발하는 것과 같다고 주장했다.

2013년 6월, 장세진 KAIST 경영대 교수에 따르면, 2차 세계대전 이후 상장된 일본의 3,400여 개 기업 중 창업자 가족 지분이 5% 이상이며 창업자나 가족이 최고경영자를 맡은 기업은 2,146개이다. 이 중에서 389개사가 전문 경영인 체제로 전환했다.

장 교수는 전문 경영인 체제로 전환한 389개사와, 조건이 유사하지만 가족 경영 체제를 유지하는 동종 기업을 뽑아 전문 경영인 체제 전환 후 3년까지의 경영 성과를 비교했다. 그 결과 전문 경영 체제로 전환한 기업의 경영 성과가 가족 경영 기업에 비해 좋았다.

평균으로의 회귀

한국무역협회는 2023년 1월에 발표한 보고서에서 기업의 평균 수명이 1958년 기준 61년에서 2027년에는 12년으로 대폭 단축될 것으로 예측하며, 기업은 시급하게 혁신 동력을 발굴해야 한다고 촉구했다.

우리나라 기업은 잠재성장률 하락과 디지털 전환, 기후변화, 인구절벽 등 새로운 위기에 직면하고 있다. 글로벌화와 디지털화로 경영환경이 급변하면서 이를 정확하게 포착하여 신속하게 대응할 수 있는 최고경영자의 역량이 갈수록 중요해지고 있다.

이병철(1910-1987)과 정주영(1915-2001)이 대표하는 대기업 창업자는 투철한 기업가 정신을 발휘하여 무에서 유를 창조했다. 한국전쟁으로 폐허가 된 국토에 공장을 세우고 물건을 만들어 전 세계를 누비며 팔았다. 그들은 한국이 세계 10대 경제 대국 반열에 오를 토대를 닦았다.

창업자의 유전자를 물려받았고 해외 유학을 다녀와 글로벌 시각까지 갖춘 재벌 2~3세에게 창업자 못지않게 기업을 잘 이끌 거라 기대하고 경영권을 물려주는 경우가 많다.

이러한 기대는 실현되지 않을 가능성이 높다. 극단적이거나 이례적인 결과는 결국 평균에 가깝게 되돌아가는 '평균으로의 회귀' 현상이 나타나기 때문이다.

뛰어난 경영 능력을 갖춘 창업자의 출현은 평균에서 먼 이례적인 현상이다. 경영권을 세습할수록 후손의 경영 능력은 전 세대보다 못할 가능성이 높다. 평균으로의 회귀가 작용하기 때문이다.

전문 경영자는 수십 년간 치열한 경쟁을 거치며 뛰어난 실적으로 경영 능력을 인정받은 인재다. 우리나라 재벌 기업에는 매년 수많은 인재가 최고경영자가 되겠다는 꿈을 품고 입사한다.

기업 내외부에서 재벌 2세보다 더 유능한 전문 경영인을 쉽게 찾을 수 있지만 창업자는 서른 남짓으로 미국에서 MBA를 딴 것밖에 없는 장자에게 경영권을 세습한다. 경영 능력과 기업가 정신은 창업뿐 아니라 수성과 혁신, 도약을 위해서도 필요하다는 사실을 쉽게 망각한다.

스웨덴의 발렌베리가 5대째 세습 경영을 해도 세계 시장에서 여전히 경쟁력을 유지하는 것은 장자 승계의 원칙을 폐기하고, '경영에 적합한 자손에게만 승계한다'는 능력주의 원칙을 철저하게 지키기 때문이다.

후계자 후보들은 명문대 자력 졸업과 해군 장교 복무, 세계 금융 중심지 근무 등 치밀하게 설계한 후계자 양성 과정을 밟으며, 서로 경쟁하고 철저하게 훈련받는다. 경영권도 한 사람에게 몰아주지 않는다. 현재 마르쿠스와 야콥처럼 한 명은 지주회사 회장, 다른 사람은 SEB 회장을 맡는 2인 체제가 기본이다. 기업 경영에 견제와 균형 원리를 도입했다.

125년 역사를 가진 독일 프리미엄 가전 브랜드 밀레(Miele)도 성과·능력주의에 따라 후계자를 선발한다. 밀레는 1899년 칼 밀레

(Carl Miele)와 라인하르트 진칸(Reinhard Zinkann)이 공동 설립하여 두 가문이 4대째 경영하고 있다.

후계자를 선발할 때, 먼저 두 가문에서 후계자 후보 수십 명이 경합을 벌여 최종 후보를 선정한다. 최종 후보는 다른 회사에 취업하여 4년 이상 실무를 익혀야 한다. 이후 업무 능력 시험과 면접을 통과해야 비로소 후계자로 선정된다. 두 가문 일가와 헤드헌터 등 전문가는 선발 과정에 참여해 후보자 자질을 평가한다.

밀레에서 후계자는 유전자로만 물려받을 수 있는 자리가 아니다. 실무 경험을 쌓고 자질과 역량을 객관적으로 입증해야 후계자가 될 수 있다.[44]

피는 물보다 진하지만 피보다 능력이 중요하다. 우리나라 재벌 기업은 장자 상속과 가문 내 상속 원칙을 폐기하고 후계자 후보군을 대폭 확대해야 한다. 정교한 후계자 양성 프로그램을 설계, 가동하여 후보군을 교육하고 서로 경쟁하게 만들어야 한다. 마땅한 후계자가 없다면 경영자 시장에서 능력이 검증된 최고경영자를 영입해야 한다. 그게 기업을 성장시키고 국가 경제를 살리는 길이다.

예리한 통찰력과 뛰어난 분석력을 갖춰 '오마하의 현인', '투자의 스승'이라고 불리는 워런 버핏은 2세 경영자를 '운 좋은 정자 클럽(lucky sperm club)'이라며 줄곧 가족 경영을 비판했다. 한국 재벌 기업은 그의 충고에 귀 기울여야 한다.

---

44) 허정연, "피보다 중요한 건 능력" 요약 정리, 이코노미스트, 2015.8.30

04.
지배 주주 배만 불리는 사익 편취

사익 편취로 일반 주주 이익 침해

사익 편취는 대기업 총수 등 지배 주주가 총수 일가의 이익을 위해 일반 주주와 이해관계자의 이익을 침해하는 행위다. 쉽게 말해 일반 주주의 이익을 빼앗아 총수 일가의 배를 불리는 짓이다. 땅굴 파기(tunneling)라고도 한다. 체코에서 어떤 도둑이 회사 금고실 아래까지 땅굴을 뚫어 돈을 훔친 사건에서 유래했다고 한다.

사익 편취에는 수익성 높은 사업을 총수 일가의 지분이 많은 계열사로 몰아주는 일감 몰아주기를 비롯하여 인력이나 지식재산권의 무상 지원, 지급 보증과 채무 인수와 같은 신용 제공, 대여금이나 펀드를 통한 유동성 지원, 자산의 저가 양수, 신주인수권 실권 등 다양하다.

합법을 가장하여 비밀리에 회사 자산을 자녀에게 이전하는 지하 상속도 사익 편취다. 재벌 총수가 자녀에게 회사를 하나 차려 준다.

계열사 일감을 몰아주고 인적, 물적 자원을 총동원하여 초우량 기업으로 만들어 준다. 자녀는 회사를 증권시장에 상장하여 천문학적인 돈을 번다. 비즈니스 프렌들리(business-freindly)를 표방한 이명박 정부 때 많이 일어난 일이다.

일감 몰아주기로 시장 질서 해친 삼성웰스토리

사익 편취로 총수 일가가 얼마나 배를 불려왔는지는 급식·식자재업을 하는 삼성웰스토리 부당 지원 사건을 보면 잘 알 수 있다.

2021년 6월, 공정거래위원회는 삼성전자, 삼성디스플레이, 삼성전기, 삼성SDI가 사내 급식 물량 100%를 수의계약으로 삼성웰스토리에게 몰아주면서, 이익보전 거래 조건을 설정하여 부당하게 지원했다며, 과징금 2,349억 원을 부과했다.

공정거래위원회 조사 결과, 삼성웰스토리는 2013년부터 2019년까지 연평균 매출액 1.1조 원, 영업이익 1천억 원을 달성했다. 이익이 많이 나는 우량 기업으로 보이지만 계열사 거래를 제외하면 매년 적자가 15억 원이나 쌓였다.[45] 계열사가 일감을 몰아주지 않았다면 퇴출하거나 매각해야 할 부실기업이었다.

---

45) 참여연대, "공정위의 삼성웰스토리 부당지원 제재 미흡", 2021.6.25

계열사의 사내 급식 몰아주기로 삼성웰스토리는 다른 급식 사업자보다 월등히 높은 이익을 올려, 총수 일가에 귀속시켰다. 삼성 계열사와 거래할 수 없는 급식업체는 생존이 위협받을 정도로 경영이 악화되었다. 공정거래위원회는 일감 몰아주기가 단체급식 시장 질서를 해쳤다고 판단하고 제재를 결정했다.

삼성웰스토리는 원래 총수 일가가 대주주인 삼성에버랜드 소속 1개 사업부였다. 공정거래법에 사익 편취 규제 조항이 신설되자 법 시행을 앞둔 2013년 12월, 물적분할로 설립되었다.

게다가 삼성웰스토리의 높은 수익성은 2015년 7월 제일모직·삼성물산 합병에서, 총수 일가가 지분을 많은 갖고 있는 제일모직의 가치를 고평가하는 데 근거가 되었다. 당시 삼성웰스토리는 제일모직의 100% 자회사였다. 일감 몰아주기로 총수 일가는 큰 이익을 챙겼고 회사 가치도 높게 평가받았다.

법 규정에도 사익 편취 그치지 않아

기업집단에서 지배 주주가 자행하는 사익 편취는 크게 상속세 및 증여세법과 공정거래법, 상법이 규제하고 있다.

2011년 12월, 정부는 상속세 및 증여세법에 제45조의3을 신설하여, 법인이 본인·자녀·친족 등이 주주인 특수관계인 법인에 일감을 몰아주면, 본인·자녀·친족 등이 얻은 간접 이익에 증여세를 부과하기 시작했다.

2014년 2월, 정부는 공정거래법을 개정하여, 재벌 계열사가 총수 일가의 지분율이 20%가 넘는 기업에 부당 이익을 귀속하지 못하게 했다(공정거래법 제23조의2). 이를 어기면 시정 조치와 과징금 부과, 고발을 한다.

2012년 4월부터 시행한 상법 제398조는 이사가 회사와 거래할 때는 이사회 승인을 받도록 했고 거래의 내용과 절차는 공정해야 한다고 규정했다.

이러한 법 규정에도 총수 일가의 사익 편취는 그치지 않았다. 정부도 이 사실을 인정한다. 2018년 6월, 공정거래위원회는 부당 이익 귀속 규제를 시행한 2014년 이후 발생한 내부거래를 분석한 결과, 규제 대상 회사의 내부거래 비중은 일시적으로 하락했다가 증가세로 돌아섰다고 실토했다.

최근에도 사익 편취는 멈추지 않았다. 2024년 12월 공정거래위원회에 따르면, CJ프레시웨이는 지방 식자재 유통 시장을 장악하기 위해 계열사에 자사 직원 200여 명을 파견하고 인건비 수백억 원을 대신 지급했다. 삼표 그룹은 총수의 자녀 회사를 지원하기 위해 레미콘 원자재를 시세보다 비싸게 구매하여 이익을 몰아주었다. 셀트리온은 총수 지분이 높은 계열사에 재고 보관료를 받지 않았고, 상표권을 무상 제공했다.

공정거래위원회가 2024년 9월에 발표한 〈공시대상 88개 기업집단의 주식소유 현황)에 따르면, 사익 편취 규제 대상 회사는 총수 있는 78개 집단 소속 939개로 나타났다. 2023년보다 39개 증가했다. 사익 편취 규제 대상 회사 중에 총수 일가 보유 지분이 20% 이상인 회사는 391개, 해당 회사가 50%를 초과하여 지분을 보유한 회사는 548개였다.

공정거래위원회는 "총수 일가 지분율은 유지되고 있고 국내 계열사의 지분 참여 등을 활용한 내부지분율은 상승 추세"라며 "대기업집단의 부당 내부 거래와 총수 일가의 사익 편취를 엄중하게 제재하고, 국외 계열사, 공익법인, 주식 지급 약정 등을 통해 지배력을 확대하는 사례도 면밀하게 감시하겠다"고 발표했다.

공정거래위원회 발표와 달리, 윤석열 대통령 취임 후 정부는 일감 몰아주기 등을 제대로 제재하지 않고 있다.

2022년 5월부터 2024년 9월까지 일감 몰아주기와 일감 떼어주기로 제재를 받은 기업은 12개사에 불과했다. 기업 대표 고발은 단 3건이었다. 대부분 과징금 부과와 시정 명령에 그쳤다.

2024년 9월, 민주당 최기상 의원이 국세청에서 받은 자료에 따르면, 2019년부터 2023년까지 5년간 기업들은 일감 몰아주기와 일감 떼어주기 증여세로 모두 1조 546억 원을 납부했다. 절반 이상이 상호출자제한기업집단 소속이었다.

일감 몰아주기 증여세는 특수관계에 있는 법인이, 본인·자녀·친족 등이 주주인 법인에게 일감을 몰아주어 그 본인·자녀·친족 등이 얻은 간접적인 이익에 부과한다.

일감 떼어주기 증여세는 특수관계에 있는 법인이 직접 수행하거나 다른 사업자가 수행하는 사업 기회를 본인·자녀·친족 등이 주주인 법인에게 제공하여, 그 본인·자녀·친족 등이 얻은 간접적인 이익에 부과한다.

일감 몰아주기와 일감 떼어주기 증여세는 지배 주주가 세금을 내지 않고 부를 이전하는 변칙 증여를 막기 위해 2011년 12월에 도입했다.

일감 몰아주기는 대부분 우리나라에 46개에 불과한 상호출자제한 기업집단에서 일어났다. 소속 기업이 납부한 증여세는 5년간 6,886억 원으로 전체 일감 몰아주기 증여세 납부액의 67%를 차지했다.

사익 편취는 경제 범죄

후진적인 지배 구조 탓에 발생하는 사익 편취는 일반 주주와 이해관계자의 이익을 지배 주주에게 이전하는 데 그치지 않는다. 삼성 웰스토리 사건처럼 공정한 경쟁을 해치고 독과점을 강화하여, 시장경제 질서를 무너뜨리고 잠재성장률을 떨어뜨린다.

퇴출되어야 할 부실기업이나 영업이익으로 이자도 내지 못하는 한계 기업이 사익 편취로 살아남으면, 경쟁 관계에 있는 건실한 기업을 퇴출시키거나 신생 기업의 진입을 막아, 시장의 자원 배분 효율성을 저해한다. 재벌 기업의 독점력이 강화되어 경제력이 집중된다.

우량 계열사의 사업 기회와 자산은 경쟁력 없는 총수 일가 계열사로 분산·유출되어 우량 계열사의 경쟁력까지 떨어뜨린다. 이는 그룹 전체의 부실로 이어질 수 있다.

서울대 김우진 교수에 따르면, 재벌 문제는 지배 구조 자체보다는 지배 주주의 사익 편취로 일반 주주에서 지배 주주로 부가 불법적으로 이전되는 것이 핵심이다.

사익 편취는 사업이 아니다. 경영도 아니다. 지배 주주의 경제 범죄이다. 사익 편취가 끊이지 않는 것은 처벌이 대부분 증여세·과징금 부과나 시정 조치에 그치기 때문이다. 지배 주주는 안 걸리면 좋고, 걸려도 돈으로 때우면 그만이라고 생각한다.

정부는 사익 편취가 공정한 시장 경제 질서를 해치는 자본주의 체제 범죄라는 인식을 갖고 강력하게 처벌해야 한다. 사익 편취를 지시한 총수나 대표이사뿐 아니라 이를 실행한 직원까지 철저하게 수사하여 낱낱이 기소해야 한다. 사법부는 재벌 총수가 기소되면 죄질이 아무리 나빠도, 경제 발전에 공헌했다며 '징역 3년, 집행유예 5년'을 선고하여 풀어주는 '정찰제 판결'을 중단해야 한다.

▶ **용어 해설: 잠재성장률**

물가 상승을 유발하지 않고 노동이나 자본 등 모든 생산 요소를 최대한 활용하여 달성 가능한 성장률을 가리킨다. 완전 고용 상태에서 물가 상승을 유발하지 않고 이룰 수 있는 최대 성장률을 의미하므로 한 나라의 최대 경제 성장 능력이라고 할 수 있다.

잠재성장률은 공식적으로 발표하지 않지만, 적정 성장 목표 설정 등 거시경제 정책 수립에 이용한다.[46]

최근 20년간 한국 경제의 잠재성장률은 빠르게 떨어졌다. 2000년대 초반 5%대에서 2010년대 초반 3%, 2016~2020년에는 2% 중반으로 하락했다.

2024년 12월, 한국은행은 〈우리 경제의 잠재성장률과 향후 전망〉 보고서를 통해 2024~2026년 잠재성장률을 2% 수준으로 추정했다. 이 추세가 지속된다면, 2025~2029년은 연평균 1.8%, 2030~2034년 1.3%, 2035~2039년 1.1%, 2040~2044년 0.7%, 2045~2049년에는 0.6%로 떨어진다고 예측했다.

---

46)   기획재정부 시사경제용어사전

05.
경제 범죄 종범,
사법부

▶ 정의의 여신, 디케는 눈을 가리고 있다. 빈부, 사회적 지위 등에 영향받지 않고 법과 양심에 따라 공정한 재판을 하겠다는 의미다.

---

47) 픽사베이

징역 3년 집행유예 5년 정찰제 판결

2021년 1월, 이재용 회장은 '국정농단 사건' 파기환송심에서 뇌물 공여로 실형을 선고받아 다시 구속되었다. 그는 박근혜 국정농단 사건에 관여하여, 2017년 2월 수감되었다가 2018년 2월 항소심에서 집행유예로 석방되었다.

현대차 정몽구 회장은 2000년 4월부터 2005년 5월까지 현대차와 현대모비스, 기아차, 현대위아 등 계열사를 통해 비자금 1천34억 원을 조성하고 회삿돈 900여 억 원을 횡령한 혐의로 2006년 구속되었다. 그는 1978년 현대산업개발 사장 시절, 압구정동 현대아파트 특혜 분양 사건에서 뇌물수수로 구속된 적이 있다.

최태원 SK그룹 회장은 2012년 계열사 자금 636억 원을 빼돌려 횡령, 전용한 혐의 등으로 실형을 선고받았다. 그는 2003년 2월에도 1조 5천억 원대 분식회계 혐의 등으로 구속되었다.

신격호 롯데그룹 총괄회장은 2017년 12월, 배임·횡령으로 징역 4년을 선고받았다. 아들인 신동빈 롯데그룹 회장은 박근혜 국정농단 사건 때 뇌물 공여로 2018년 1월, 구속되었다.

김승연 한화그룹 회장은 상습범이다. 그는 1993년, 불법 외화유출 혐의로 처음 구속되었다. 2004년에는 여당 정치인에게 불법 정치자금 10억 원을 주어 기소되었다. 2007년 6월에는 '보복 폭행' 사건으로 구속되었고, 부실 계열사 부당 지원으로 2012년 8월, 징역 4년을 선고받고 구속되었다. 이재현 CJ그룹 회장은 횡령·배임 등으로

2013년 7월 구속되었다.

재벌 총수가 저지른 회삿돈 횡령, 배임, 계열사 부당 지원, 뇌물공여, 비자금 조성, 분식회계는 일반 주주의 이익을 해치고 회사를 위태롭게 하여, 자유 시장 경제의 근간인 주식회사 체제를 뒤흔드는 중대 범죄이다.

법원은 재벌 총수가 기소되면 대개 1심에서 5년을 선고한다. 2심에서는 얼토당토아니한 구실을 붙여 3년으로 감형하고 경제 발전에 기여했다는 명목을 붙여 집행유예로 석방한다. 대법원은 이를 확정한다. 법원은 그동안 재벌 총수가 수천억 원을 횡령해도 대부분 '징역 3년에 집행유예 5년'이라는 '정찰제' 판결을 내려왔다. 일관성은 높이 살만하다.

〈법원의 정찰제 판결 사례〉

연도	기업인	죄목	최종심 형량
2000	조양호 대한항공 회장	탈세	징역 3년, 집행유예 5년
2003	최태원 SK 회장	배임	동일
2003	손길승 SK 회장	배임	동일
2006	박용성 두산 회장	횡령	동일
2006	박용만 두산 부회장	횡령	동일
2007	박용오 두산 회장	횡령	동일
2008	정몽구 현대차 회장	횡령	동일
2009	이건희 삼성 회장	탈세	동일
2014	김승연 한화 회장	배임	동일
2014	최태원 SK 회장	횡령	징역 4년
2015	이재현 CJ 회장	배임	징역 2년 6개월
2018	신동빈 롯데 회장	뇌물	징역 2년 6개월, 집행유예 4년

심지어 버스 요금 800원을 횡령한 버스 기사의 해고는 정당하고, 변호사에게 85만 원 상당의 향응을 받은 검사의 면직은 가혹하다며 취소한다(현 오석준 대법관, 윤석열 대통령 지명). 이러니 2,400원씩이나 횡령한 버스 기사는 해고하는 것이 정당하고(함상훈 헌법재판관 후보자, 한덕수 대행 지명), 공적자금을 수천억 원 투입한 현대전자산업에서 227억 원을 횡령한 김영환 대표와 146억 원을 횡령한 김주용 대표는 관행이라며 집행유예로 풀어주는 게 조금도 이상하지 않다.

법원은 같은 횡령 사건도 신분에 따라 확연하게 다르게 판결한다. 신분이 높으면 횡령액이 아무리 많아도 가볍게 처벌한다. 대한민국 사법부가 실현하는 정의의 현주소다. 대한민국의 주권은 상위 1%에게 있고 법은 오로지 1만인에게만 평등하다.

미국은 경영자가 분식회계, 횡령 등 경제 범죄를 저지르면 가혹하게 처벌한다. 먼저 소비자가 기업에 등을 돌린다. 최고경영자, 이사 등 위법 행위자는 당국이 처벌을 하기도 전에 대부분 자리에서 물러난다. 사외이사는 주주에게 집단소송을 당한다. 기업 가치는 하락하고 대출 금리는 크게 올라 기업은 자금을 조달하기 어려워진다.

사법부도 엄단한다. 횡령이나 배임, 분식회계는 자본주의와 자유시장 경제의 근간인 주식회사 체제를 흔드는 행위라고 보고 어떤 범죄보다 강하게 처벌한다.

2001년, 미국 법원은 분식회계로 기소된 에너지 회사 엔론(Enron)의 케네스 레이(Kenneth Lee Lay) 회장에게 24년 4개월을, 제프리 스킬링(Jeffrey Keith Skilling) 최고경영자에게는 24년 형을 선고했다. 2005년, 미국 2위 통신회사인 월드컴(WorldCom)의 버나드 에버스(Bernard Ebbers) 회장은 분식회계로 25년형을 선고받았다. 2009년에 나스닥 증권거래소 이사장을 지낸 버나드 메이도프(Bernard Madoff)는 폰지 사기 등으로 150년형에 처해졌다. 그는 결국 2021년 감옥에서 생을 마감했다.

 우리나라 법원은 다르다. 판사는 정찰제 판결로 중범죄자를 풀어 주어 경영에 복귀시킨다. 생계 범죄는 추상같이 엄단하고 기업 범죄는 솜방망이만 휘두르는 척한다.

 검찰과 법원은 총수나 최고경영자가 저지르는 사익 편취는 기업 가치를 훼손하고 시장 경제 질서를 뒤흔드는 중대 범죄로 인식해야 한다. 재벌 총수에 대한 관대한 판결이 세계 시장에서 한국 경제의 신뢰를 갉아먹어 코리아 디스카운트의 주원인이 되었다는 사실을 냉엄하게 받아들여야 한다.

 사익 편취를 막는 가장 효과적인 조치는 징벌적 손해배상과 강력한 형사 처벌이다. 주식 시장을 활성화하고 공정한 시장 경제 질서를 확립하기 위해 검찰과 법원은 사익 편취를 추상같이 처벌해야 한다.

기업과 시장을 불신하게 만드는 사이비 시장주의자

한국에서는 재벌 총수가 횡령, 배임, 탈세, 분식회계 등으로 구속되면 어김없이 최고경영자 처벌은 경제를 어렵게 한다며 사면복권 요구가 기다렸다는 듯이 터져 나온다.

한국경제인협회와 대한상공회의소, 한국경영자총협회, 한국무역협회 등은 대기업이 한국과 세계 경제에서 차지하는 비중을 고려하면, 구속에 따른 경영 활동 위축은 한국 경제 전체에 악영향을 미친다며 장기간의 리더십 부재가 신사업 진출과 빠른 의사결정을 지연해 글로벌 경쟁에서 뒤처지게 한다는 성명서를 발표한다.

재벌 손아귀 안에 있는 언론은 기업가를 정치적으로 엮으면 어느 누가 대한민국에서 기업을 하겠느냐며 정부를 비난한다. 정부가 시장 질서를 바로 잡기 위해 반칙을 규제하면, 기업하기 좋은 나라를 만들어야 한다며 반시장주의자라고 공격한다.

친재벌 학자는 글로벌 기업의 동향과 전략을 파악하고 시의적절한 결정을 내리는 일은 총수가 아니라면 불가능하다며 시급한 국가 경제 회복과 여론을 고려하여 경영에 복귀할 수 있게 하라고 정치권에 결단을 촉구한다. 최고경영자 구속으로 경제는 결딴나고 국민은 실업자가 될 거라고 위협하기도 한다.

이들은 기업과 시장을 구분하지 않는다. 기업과 시장은 동의어이고 기업에 부담을 주는 규제는 시장을 위축하므로 폐지해야 한다고 말한다. 기업과 총수 일가도 구분하지 않는다. 짜장면집 주인이 가

게를 100% 갖고 있듯이 삼성전자는 100% 이재용 일가 것이라고 믿는다. 대기업은 총수의 사유 재산이며 대기업을 발전시키기 위해 총수를 지켜야 한다고 생각한다. 총수 이해를 대변하면서 친기업주의자와 시장주의자를 자처한다.

이러한 주장은 자유 시장 경제를 채택한 어떤 나라에서도 나오지 않는다. 한국에서만 들을 수 있다. 그들은 사실 자유 시장 경제의 파괴자다. 총수 일가를 비호하기 위해 시장이 정상적으로 작동하는 것을 끊임없이 방해하기 때문이다. 기업이 공정하게 경쟁하는 나라가 아니라 총수가 기업하기 좋은 나라를 만들려고 한다. 국민이 기업과 시장을 불신하게 만드는 사이비 시장주의자이고 반기업주의자이다.

2020년 1월, 경제개혁연구소는 2000년부터 2018년까지 총수가 영향력을 행사하는 기업을 대상으로 법원의 유죄 판결이 주가에 미치는 영향을 분석했다. 대상 기업은 총수가 실형을 선고받은 그룹의 계열사 141개와 집행유예를 받은 그룹의 계열사 178개였다.

분석 결과, 총수가 실형을 선고받은 기업의 평균 주식수익률은 -0.6%에서 0.01%이었다. 통계학적으로 의미 있는 수준이 아니었다. 총수가 집행유예를 받은 기업의 평균 주식 수익률은 -3.0%에서 -1.4%로 나타났다. 통계적으로 유의미하게 부정적인 수치다. 간단하게 말하여 실형 선고 등 엄중한 처벌은 주가에 영향이 없지만 집행유예와 같은 관대한 판결은 주가를 떨어뜨린다는 얘기다.[48]

---

48) 경제개혁리포트, "재벌총수에 대한 사법처리는 기업가치에 부정적 영향을 미치는가?", 2020.1

06.
국가 공신력, 신인도 하락, 삼성물산·제일모직 합병

상설중재재판소, 엘리엇에 1,300억 원 지급 판결

　재벌 총수에 대한 관대한 판결은 주가만 떨어뜨리지 않는다. 국가 기관의 공신력과 대외 신인도까지 해친다.

　대표 사례가 삼성물산과 제일모직 합병 사건이다. 삼성물산은 2015년 7월 주주총회에서 제일모직과 합병을 결의했다. 합병 비율은 제일모직 1대 삼성물산 0.35이었다. 당시 삼성물산 지분 11.21%를 보유하여 최대 주주인 국민연금은 캐스팅 보트를 쥐고 있었다. 특별 결의로 추진하는 합병안은 주주총회에서 3분의 2 이상의 지지를 얻어야 했다. 이재용 일가가 확보한 지분은 3분의 2에 미치지 못했다. 국민연금이 반대했다면 합병은 불가능했다. 특검 수사 결과, 국민연금은 손해가 명확한데도 박근혜 정부의 외압에 굴복하여 합병에 찬성했다.

　합병 비율은 총수 일가에 유리하도록 삼성물산 가치는 낮게, 제일모직 가치는 높게 책정되었다. 2015년을 기준으로 삼성물산의 총자산은 29조 6,000억 원으로 제일모직의 3배였다. 매출액은 28조 4,000억 원으로 제일모직의 5.5배에 달했다. 영업이익은 6,523억 원으로 제일모직의 3배였다. 삼성물산이 제일모직보다 낮게 평가받을 수 없는 실적이었다.

〈삼성물산과 제일모직 자산, 매출액, 영업이익 비교〉 (단위: 억 원)

	삼성물산	제일모직	삼성물산/제일모직
총자산(15.3월 기준)	29조 6,000	8조 4,000	3.5배
매출액(2014년 기준)	28조 4,000	5조 1,000	5.6배
영업이익(2014년 기준)	6,523	2,134	3.1배

제일모직과 삼성물산 이사회는 1 대 0.35 비율로 흡수 합병을 결의하였다. 삼성물산 주식 1주를 가진 주주는 합병 법인 주식 0.35주를 새로 받았다.

합병 비율은 자본시장법에 따라 시장 가치를 근거로 산출했다고 삼성그룹은 밝혔다. 2015년 5월을 기준으로 제일모직 평균 주가는 15만 9,294원이고 삼성물산은 5만 5,767원이다. 이를 근거로 합병 비율을 1대 0.35로 산정했다고 해명했다.

합병안을 발표하자 미국계 자산운용사인 엘리엇(Elliott)과 메이슨(Mason)을 비롯하여 삼성물산 일반 주주는 강력하게 반대하였다.

시장 가치는 기업의 자산 가치, 수익 가치 등을 반영하지 못하며,

합병 비율을 시장 가치로 결정했다면 주가가 높은 시점에 합병해야 하는데, 삼성물산 경영진은 주가가 가장 낮을 때 합병했다는 이유를 들었다.

삼성물산은 1년간 주가가 20% 하락하고, 제일모직은 기업공개(IPO) 후 반년 만에 45% 상승한 시점에 합병한 것은 삼성물산 주주는 지나치게 불리하고 제일모직 주주에게는 크게 유리하다고 주장하였다.

전 세계 기관 투자자에게 의결권 대리 행사와 기업 지배 구조 솔루션을 제공하는 ISS(Institutional Shareholder Services)도 시장가치승수를 이용하여 적정 합병 비율을 1 대 0.95라고 평가했다. ISS는 삼성물산 주주에게 크게 불리하다며 합병 반대를 권고했다.

삼성그룹 총수 일가는 제일모직 지분을 42.7% 보유한 최대 주주이지만 삼성물산 지분율은 1.4%에 불과했다. 제일모직 1 대 삼성물산 0.35로 합병하면서, 총수 일가는 통합 삼성물산 지분을 30% 보유하여 경영권을 안정적으로 확보했다. 삼성물산이 보유한 삼성전자 지분 4.1%도 확보했다.

합병 비율이 1 대 0.95였다면 삼성물산 일반 주주는 1 대 0.35에 비해 통합 삼성물산 주식을 약 3배 더 받고 총수 일가 지분은 20%에 그쳤을 것이다. 삼성물산 주식 가치가 가장 저평가되었을 때 합병을 강행하면서 일반 주주는 가만히 앉아서 큰 손해를 보았다.

제일모직·삼성물산 합병은 파문이 국내에 그치지 않았다. 국제 사건으로 비화했다.

엘리엇과 메이슨은 삼성물산·제일모직 합병으로 손해를 봤다며, 한국 정부를 상대로 투자자 국가 분쟁 해결(Investor State Dispute Settlement: ISDS) 제도를 통한 국제 중재를 제기했다.

ISDS는 투자 협정의 당사국 투자자가 타방 당사국의 투자 협정 위반으로 손해를 입은 경우, 투자자가 투자 유치국을 상대로 중재 신청을 하여 분쟁을 해결하는 제도다.

엘리엇은 2018년 7월, 한국 정부에 손해 배상금으로 약 9,900억 원을 요구하는 ISDS 소송을 제기했다. 2015년 합병 승인 과정에서 한국 정부가 국민연금공단을 동원하는 등 부당하게 개입하여 7억 7,000만 달러를 손해 봤다는 내용이었다. 엘리엇은 삼성물산 지분을 7.12% 보유했는데 삼성물산 1주당 제일모직 0.35주로 합병 비율이 정해지면서 큰 손실을 입었다고 주장했다.

사건을 맡은 네덜란드 상설중재재판소(Permanent Court of Arbitration: PCA)는 2023년 6월, 한국 정부는 엘리엇에 약 1,300억 원을 지급하라고 판정했다.

엘리엇은 2023년 6월, "이번 중재 판정으로 한국 정부 관료와 재벌의 유착으로 해외 투자자와 일반 주주가 손실을 입은 사실을 다시 확인했다"고 밝혔다.

한국 법무부는 23년 7월, 중재지인 영국 법원에 취소 소송을 냈다. 법무부는 국민연금공단이 합병에 동의한 것은 주주로서 의결권을 행사한 것에 불과하며 '정부 조치'로 볼 수 없어 ISDS 대상이 되지 않는다고 주장했다. 상설중재재판소가 국민연금공단을 '사실상 국가 기관'으로 봤는데, 이는 한미 자유무역협정(FTA)에 없는 개념이라고 주장했다. 2024년 8월 영국 1심 법원은 한국 정부가 낸 취소소송을 각하했다.

구상권 행사로 국민 혈세와 노후 자금 회수해야

2024년 4월, 네덜란드 상설중재재판소(PCA)는 "한국 정부가 메이슨에 3,203만 달러와 지연 이자 연 5%, 법률 비용, 중재비 등을 지급하라"고 판결했다.

메이슨은 '2015년 삼성물산과 제일모직 합병 승인 과정에서 국민연금공단이 부당하게 개입하여 1억 9,250만 달러를 손해 봤다'며 2018년 9월에 중재 신청을 냈다. 합병 당시 메이슨은 삼성물산 지분을 2.2% 가지고 있었다.

정부는 "국민연금공단에게 합병을 찬성하도록 지시했다는 증거가 없고, 국민연금의 합병 찬성은 삼성물산 주주로서 의결권을 행사한 것에 불과하여 ISDS 대상이 될 수 없다"고 맞섰다.

정부는 엘리엇, 메이슨과 소송을 벌이면서 일관되게 국민연금공단이 독자적으로 의사결정을 했다고 주장했다. 이는 명백히 사실이 아니다.

대법원은 2022년 4월, 합병 과정에서 부당한 압력을 행사한 혐의로 기소된 문형표 전 복지부 장관과 홍완선 전 국민연금 기금운용본부장에게 각 징역 2년 6개월을 선고한 원심을 확정했다. 우리나라 대법원이 정부와 국민연금공단의 직권남용, 권리행사방해, 배임을 판결로 인정했다.

삼성물산·제일모직 합병 사건은 기업 지배 구조와 투명한 회계가 왜 중요한지 잘 보여준다. 우리나라 국민은 외국 자산운용사에 거액을 물어줘야 하고, 국민연금에 맡겨 놓은 노후 자금은 손실을 보게 되었다. 혈세 허비와 노후 자금 손실이라는 이중의 고통은 오로지 국민 몫이 되었다.

2019년 7월 참여연대는 합병으로 이재용 일가에게 돌아간 부당 이익이 최소 3조 1,000억 원에서 최대 4조 1,000억 원이고, 국민연금은 최소 5,200억 원에서 최대 6,750억 원을 손해 보았다고 추산했다.[49]

합병을 통해 천문학적인 돈을 챙긴 삼성 총수 일가와 국민 혈세를 허비하고 국민 노후 자금을 축낸 정부와 국민연금은 아직 아무런 책임을 지고 있지 않다.

총수 일가가 엄청난 이득을 챙기면서 생긴 손실을 세금으로 메워야 한다면 어떤 국민도 납득하지 않을 것이다. 삼성물산·제일모직 합병은 자본시장의 공정성·신뢰성·효율성과 경제 정의를 훼손하여 우리 사회의 불공정을 상징하는 대표적인 사건이 되었다.

---

49) 참여연대, '이재용 부당 승계와 삼바 회계사기 사건에 관한 종합보고서', 2019.7.15

정부가 해야 할 일은 분명하다. 이재용, 박근혜 등 불법 합병 책임자에게 구상권을 행사하여 국민 혈세와 노후 자금을 한 푼도 남김없이 회수해야 한다.

4장

문재인 정부 재벌 지배 구조 개선 정책의 실상

01.
정책 기조

촛불 혁명에 힘입어 집권한 문재인 정부는 2017년 5월 10일 출범했다. 두 달 후 문재인 정부는 "촛불 시민 혁명은 국민이 통치 대상이 아니라 나라 주인이자 실질적 정치 주체로 등장하는 국민 시대 도래를 예고한다"며 이를 실현하기 위해 '100대 국정 과제'와 '국정 운영 5개년 계획'을 발표했다.

100대 국정 과제와 국정 운영 5개년 계획을 통해 문재인 정부는 재벌 총수 일가 전횡 방지와 소유 지배 구조를 개선하기 위해 4대 과제를 제시했다.

첫째, 2018년까지 다중대표소송제와 전자투표제를 도입하고, 집중투표제 의무화 등을 추진하며, 횡령과 배임 등 경제 범죄에 대하여 엄정하게 법을 집행하고 사면권 심사를 강화한다.

둘째, 2017년~2018년에 지주회사 행위 제한 규제를 강화하고, 인적분할 시 자사주 의결권 부활을 방지하며, 순환출자의 단계적 해소 방안을 마련하고, 총수 일가가 해외법인을 통하여 국내 계열사에 출자한 현황을 공시한다.

셋째, 2018년까지 총수 일가의 사익 편취 규제 대상을 확대하고, 사익 편취를 상시 감시한다.

넷째, 2018년까지 금융보험사 계열사에 대한 의결권 제한을 강화하고, 2018년부터 금융그룹 통합 감독을 시행한다.

〈문재인 정부의 총수 일가 전횡 방지와 지배 구조 개선 과제〉

목적	내용
총수 일가 전횡 방지	1) 2018년까지 다중대표소송제와 전자투표제 도입, 집중투표제 의무화 2) 횡령, 배임 등 경제 범죄에 대한 엄정한 법 집행과 사면권 심사 강화
편법적 지배력 강화 차단	1) 2017~2018년 중 지주회사 행위 제한 규제 강화, 인적분할 시 자사주 의결권 부활 방지, 기존 순환출자 단계적 해소 방안 마련 2) 총수 일가 등이 실질 지배하는 해외법인을 통한 국내 계열사 출자 현황 공시
사익 편취 근절	2018년까지 총수 일가의 사익 편취 규제 대상 확대와 사익 편취 상시 감시
금산 분리	2018년까지 금융보험사 계열사에 대한 의결권 제한 강화와 2018년부터 금융그룹 통합 감독 시행

문재인 정부는 4대 과제를 완수하면 소액주주권 강화와 이사회 독립성 확보로, 총수 일가의 전횡을 방지하고, 편법적 지배력 강화와 부당한 부의 이전 그리고 경쟁 질서 훼손을 방지할 수 있다고 발표했다.

문재인 정부가 끝나가는 2022년 4월, 경제개혁연구소는 문재인 정부의 경제 민주화 정책 성과를 분석한 보고서를 발간했다.

경제개혁연구소는 문재인 정부가 박근혜 정부에 비하면 성과를 냈지만 추진하지 못한 과제가 40%가 넘고, 실효성이 부족하다고 평가했다. 경제민주화에 반하는 규제 완화 입법도 다수 추진되었다고 지적했다.

경제개혁연구소는 문재인 정부의 경제 민주화 정책 이행에 단순 평가는 100점 만점에 58.50점, 실효성 평가는 43.85점을 주었다. 이는 박근혜 정부(단순 평가 34.50점, 실효성 평가 21.50점)보다는 높지만 낙제점이 아닐 수 없다.[50]

문재인 정부가 5년 동안 추진하지 못했거나 실효성이 부족한 과제는 무엇일까? 어떤 규제 완화 법이 경제민주화에 반할까? 하나 하나 짚어 보자.

---

50) 경제개혁리포트, '문재인 대통령 경제민주화정책 수행평가(IX) - 종합평가 및 차기 정부의 과제', 2022-02호, 2022.4.21

02.
일반 주주에게 그림의 떡, 다중대표소송

　　　　　　　　　　다중대표소송(多重代表訴訟)은 모회사 주주가 회사를 대표하여 자회사 이사에게 제기하는 소송이다. 자회사 이사가 위법 행위로 회사에 손해를 끼쳤는데도 자회사가 책임을 추궁하지 않거나 게을리하는 경우 모회사 주주가 제기하는 대표소송이다. 자회사에 일감을 몰아주는 등 재벌 기업의 사익 편취를 모회사 일반 주주가 방지, 제한할 수 있게 하는 장치다.

　문재인 정부는 상법을 개정하여 2020년 12월부터 다중대표소송을 시행했다. 약속은 이행했지만 소송 요건은 너무 엄격했다.

　상법 제406조의2에 따라, 모회사 발행주식 총수의 100분의 1 이상에 해당하는 주식을 가진 주주는 자회사 이사의 책임을 추궁할 소의 제기를 청구할 수 있다. 동법 제542조의6은 모회사가 상장사이면 6개월 전부터 계속하여 모회사 발행주식 총수의 1만분의 50 이상에 해당하는 주식을 보유한 주주도 원고적격을 인정한다. 즉 상장회사 일반 주주는 주식을 0.5% 이상 보유해야 다중대표소송을 제기할 수 있다.

애초에 법무부가 발의한 상법 개정안은 상장 모회사 주주가 '총 주식의 0.01%를 6개월 보유' 시 소송을 제기할 수 있었다. 민주당이 주도한 국회 법제사법위원회 입법 과정에서 원고적격 기준이 0.01%에서 0.5%로 법무부 발의안보다 50배 높아졌다.

주주가 회사를 대표하여 회사에 손실을 끼친 경영진에게 손해배상 소송을 제기하는 제도가 있다. 주주대표소송이다. 주주대표소송은 상법 제542조의6에 따라 6개월 전부터 계속하여 상장회사 발행 주식 총수의 1만분의 1 이상에 해당하는 주식을 보유하면 제기할 수 있다. 즉 0.01%만 보유하면 가능하다.

2011년, 사법정책연구원에 따르면 주주대표소송은 도입 30년 만인 1997년에 처음 2건이 제기되었다. 지분율 요건을 완화하고 소 제기 후 지분율 요건을 면제했지만 1997년부터 2020년까지 24년간 제기된 소송은 139건에 그쳤다. 이 중에서 상장사를 대상으로 한 주주대표소송은 35건이었다, 일반 주주가 제기한 주주대표소송은 한 해 평균 1.4건에 불과했다.

주주대표소송은 0.01%를 보유하면 가능하지만 다중대표소송은 0.5%로 50배 더 많이 보유해야 한다. 일반 주주가 대기업 모회사 지분을 0.5% 소유하기는 사실상 불가능하다. 기관투자가만 가능하다.

다중대표소송은 일반 주주가 지배 주주의 사익 편취를 견제한다는 도입 취지와 달리 원고적격 기준을 지나치게 높여 실효성 없는 껍데기 제도가 되었다.

▶ **용어 해설: 주주대표소송 개념과 사례**

이사 등 경영진이 회삿돈을 횡령하거나 배임죄를 저지르면, 기업은 장부에 나타나는 직접 손해뿐 아니라 이미지, 신뢰도 등이 하락한다. 주주대표소송은 이처럼 경영진 책임으로 주주가 손해를 입었을 때 주주가 직접 나서서 이사에게 손실 보전을 요구하는 소송이다.

주주가 비용을 부담하여 승소를 해도, 그로 인한 이익은 다른 주주와 공유한다. 소를 제기한 주주에게 돌아가는 직접적인 이익은 없다

2025년 3월, 경제개혁연대와 소액주주는 DB하이텍 이사를 상대로 238억 원을 배상하라고 요구하는 주주대표소송을 제기했다. 소송은 DB그룹 지배 주주에게 과다한 보수를 지급한 김준기 창업 회장과 그의 장남 김남호 회장, 조기석 대표이사와 양승주 부사장을 상대로 제기했다.

주주들은 상법이 정한 주주대표소송 절차에 따라 2024년 12월, DB하이텍 감사위원회에 소송을 제기할 것을 요구하였으나, 회사 측이 거부하자 직접 소송을 제기했다.

소송은 지배 주주가 법적 책임을 부담하지 않는 비등기 이사로 재직하면서, 보수 명목으로 지나치게 많은 이익을 챙기는 재벌의 관행을 시정하기 위해 제기했다.

DB그룹을 창업한 김준기 회장은 경영 일선에서 물러났지만 DB하이텍의 비등기 이사로서 매년 막대한 보수를 받고 있다. 김남호 회장도 비등기 이사로 엄청난 보수를 받고 있다.

2021년부터 2024년까지 김준기, 김남호 부자는 DB하이텍에서 총 238억 원을 받았다. 이는 등기 사내이사들의 총보수 73억 원의 세 배가 넘는 거액이다. 2023~2024년에 지급한 사내이사의 평균 보수보다는 여섯 배 이상 많다. 2021년부터 2024년까지 회사가 주주에게 지급한 총배당금 1,508억 원의 16%를 차지하며 지배 주주를 제외한 일반 주주에게 지급한 배당금 1,205억 원의 20%에 해당한다. 김준기, 김남호 부자는 DB하이텍의 지배 주주로 최근 4년간 회사에서 302억 원을 배당받고도, 비등기 이사로서 238억 원을 보수로 챙겼다.[51]

---

51) 경제개혁연대 보도자료, "DB하이텍 이사 상대로 주주대표소송 제기", 2025.3.27

03.
5%만 도입한 집중투표제, 임의 규정 전자투표제

정관으로 배제하여 허울만 남아

집중투표제는 이사를 2명 이상 선임할 때 주식 1주당 선임하려는 이사 수만큼 의결권을 부여하고, 이를 여러 후보에 나누어 투표하거나 특정 후보에게 몰아서 투표할 수 있게 하는 제도다. 주주총회에서 이사 5명을 선임한다면 1주당 의결권을 5개 부여한다. 주주는 이사 후보 1명에게 5표를 몰아줄 수 있고 1명에 1표씩 투표할 수도 있다.

집중투표제는 이사회의 견제·감시 기능을 확보하여 지배 주주나 경영진의 영향력을 제한하고 독립적인 이사 선임 가능성을 높이기 위해 도입했다. 집중투표제를 활성화하면 지배 주주의 이사 선임 독점을 막고, 모든 주주의 비례적 이익을 이사회 구성에 반영하여, 이사회가 회사와 주주를 위하여 투명하게 의사결정을 할 수 있다.

재계는 일반 주주가 선임한 이사가 이사회에 참가하면, 의사결정이 늦어져 급변하는 글로벌 경쟁에서 중요한 사업 기회를 잃을 수 있다. 다수 이사와 다른 의견을 고집하여 이사회 운영이 파행을 거듭한다. 외국 투기 자본이 이사회를 장악하여 기업 지배권을 위협한다. 기업 핵심 기술이 유출된다는 등의 이유로 줄곧 반대했다.

집중투표제를 통해 일반 주주나 기관투자자 등이 선임한 이사가 비합리적이고 부당한 의사결정을 할 거라는 걱정은 기우에 불과하다. 일반 주주와 기관투자자도 자기 돈을 투자한 주주라서 기업 가치가 훼손되는 것을 원하지 않기 때문이다. 단기적 이익만을 위해 장기적으로 기업 경쟁력을 훼손할 수 있는 안건이 올라와도, 이사회는 지배 주주가 선임한 이사가 다수를 차지하기 때문에 채택될 수 없다.

우리나라 기업에서는 지배 주주나 최고경영진이 선임한 이사들이 총수 일가가 사익을 편취하도록 부추기거나 두둔하는 게 더 큰 문제이다. 일반 주주가 선임한 이사가 이사회에 참여하면 사익 편취를 감시하고 견제할 수 있다. 지배 주주 의중을 의식하지 않고 참신하고 파격적인 안건을 개진할 수 있다. 이사회가 다양한 의견을 흡수하고 토론에 부치면 한층 더 합리적으로 판단하고 결정할 수 있다. 집중투표제는 단점은 적고 장점은 많다.

2023년, 삼일회계법인에 따르면 집중투표제를 채택하고 있는 회사는 5% 미만이다. 집중투표제는 1998년에 일반 주주 권리를 보호하기 위해 도입했으나, 회사가 정관으로 배제할 수 있게 허용하여 껍데기만 남았다. 법을 개정하여 의무화해야 한다.

> ▶ 용어 해설: 주주의 비례적 이익

모든 주식의 가치는 같기 때문에 대주주든 소액주주든 소유한 주식 가치는 동등하게 보호해야 한다는 원칙이다.

지금까지 대법원은 지배 주주와 소액주주의 이익이 상충하는 경우 소액주주에 피해가 가더라도 회사에 손해가 발생하지 않으면 위법이라고 볼 수 없다고 판결했다. 이러한 판결로 소액주주의 이익을 침해하고 지배 주주만을 위한 경영이 횡행했다.

LG에너지솔루션의 쪼개기 상장과 삼성물산·제일모직 합병 시 삼성물산에 일방적으로 불리한 합병 비율 산정은 대기업 총수 일가의 편법적인 경영권 승계와 지배력 확보를 위해 주주의 비례적 이익을 침해한 대표적 사건이다.

2023년 2월, 카카오와 하이브의 SM엔터테인먼트 인수 쟁탈전에서 서울동부지방법원은 카카오의 SM엔터테인먼트 신주·전환사채 인수에 제동을 걸었다. 이는 우리나라에서 주주의 비례적 이익을 인정한 첫 판결이다. 법원은 SM엔터테인먼트 이사회가 기존 주주의 신주인수권을 배제하고 카카오에 배정하거나, 주식을 발행할 필요가 있는 것으로 단정하기 어렵고, 카카오에만 배정하는 신주인수권으로 이수만 전 총괄이 주주로서 SM엔터테인먼트에 갖고 있는 비례적 이익이 회복하기 어려운 손해를 입을 수 있다고 판시했다.[52]

---

52) 경제민주주의21, "주주 비례적 이익 보호 강조한 사법부 결정을 환영한다", 2023.3.16

40%가 전자투표 채택하지 않아

'회사는 이사회 결의로 주주가 총회에 출석하지 아니하고 전자적 방법으로 의결권을 행사할 수 있다"는 상법 제368조의4에 따라 우리나라 기업은 전자투표를 실시할 수 있다.

전자투표는 2014년 5월부터 시행했지만 조문에서 알 수 있듯이 강행 규정이 아니다. 기업은 이를 채택해도 되고 안 해도 된다.

전자투표를 시행하면 주주는 시간적, 공간적 제약을 벗어나 간편하게 의결권을 행사할 수 있고 기업은 주주 중심 경영을 실천할 수 있다. 주주총회가 열릴 때마다 기업이 고심하는 의결 정족수 부족을 해결하는 데도 도움을 준다.

법무부는 전자투표제가 일반 주주의 주주총회 참여를 활성화하여 주주총회 결의 요건을 쉽게 충족할 수 있게 한다고 설명한다.

2020년 코로나가 대유행하면서 정부는 전자투표제 활용을 독려했다, 2020년과 2021년 주주총회에서 전자투표를 채택하는 기업이 급증하여 주주총회에 참석하는 주주가 늘면서, 일반 주주의 권리가 크게 신장되었다.

국내 상장사는 대부분이 3월 하순에 정기 주주총회를 몰아서 개최한다. 이는 의결권을 행사하려는 일반 주주의 권익을 심각하게 훼손한다.

유가증권의 집중 예탁 업무를 담당하는 한국예탁결제원에 따르면, 2024년 12월 결산 상장법인의 주식 보유자 1인당 평균 소유 종목은 5.8개이다. 주주들은 약 6개사 주총에 참여해 의결권을 행사할 권리가 있지만 주주총회가 같은 날 열리면 권리를 행사할 길이 막힌다.

자본시장연구원에 따르면, 2024년 2~3월에 주주총회를 개최한 2,480개사 중에 전자투표를 채택한 회사는 1,517개사로 61.1%를 차지했다. 기업의 약 40%가 전자투표를 채택하지 않고 있다. 상법을 개정하여 전자투표를 의무화해야 한다. 일반 주주도 여러 개 회사의 주주총회에 참여하여 의결권을 행사할 수 있도록 보장해야 한다.

> ▶ 용어 해설: 강행법과 임의법
>
> 강행법(강행 규정)은 당사자의 의사에 관계 없이 강제적으로 적용되는 법을 말한다.
> 예를 들면 "사람을 살해한 자는 사형, 무기 또는 5년 이상의 징역에 처한다"라고 한 형법 제250조는 강행법이다.
> 임의법(임의 규정)은 당사자가 법 규정과 다른 의사를 가지고 있을 때 법을 적용하지 않고 당사자의 뜻에 따르게 하는 법이다. 당사자는 법 적용을 배제할 수 있다.
> '임대인은 목적물을 임차인에게 인도하고 계약 존속 중 그 사용 수익에 필요한 상태를 유지하게 할 의무를 부담한다'고 한 민법 제623조는 임의법이므로 임대인과 임차인은 이와 다른 약속을 하여도 무방하다.
> 공법(公法)에 속하는 규정은 거의 강행법이다. 사적 자치를 원칙으로 하는 사법에는 임의법이 많다.[53]

---

53) 법제처 법령용어 해설

04.
집행유예로 풀려나는 재벌 총수

검찰도 두려워하는 재벌

　우리나라는 총수 일가와 전문 경영인의 횡령·배임 등 경제 범죄가 끊이지 않지만 다른 범죄에 비해 실형 선고율이 낮다. 게다가 범죄 규모에 비례하여 형량을 선고하지 않아 사법부 불신이 팽배하다.
　문재인 정부의 경제 범죄에 대한 엄정한 법 집행과 사면권 심사 강화는 '특정경제범죄 가중처벌 등에 관한 법률(이하 특정경제범죄법)'의 처벌 규정을 강화하고, 처벌받은 임직원이 범죄를 일으킨 기업체에 재취업하는 것을 제한하여, 총수 일가도 일반인과 동일하게 처벌받도록 하는 게 목적이다.
　특정경제범죄법은 횡령, 배임 등 범죄 행위의 이득액이 5억 원 이상 50억 원 미만이면 3년 이상의 유기징역에, 50억 원 이상이면 무기 또는 5년 이상의 징역에 처한다.
　이득액이 50억 이상이면 5년 이상의 징역형에 처할 수 있지만 판사는, 정상참작감경 등으로 형량을 3년 이하로 줄여 집행유예를 선고할 수 있다.

형법 제53조에 따라 '범죄의 정상에 참작할 만한 사유가 있는 경우' 형을 감경할 수 있고(정상참작감경), 형법 제62조에 따라 '3년 이하의 징역이나 금고 또는 벌금 500만 원 이하의 벌금형을 선고할 경우, 1년 이상 5년 이하의 기간으로 형 집행을 유예' 할 수 있기 때문이다.

법원은 이 조항을 악용하여, 회삿돈을 수천억 원 횡령해도 집행유예를 선고하여 범죄자를 풀어주고 경영에 복귀하게 만들었다.

재벌 총수들이 대부분 집행유예를 받는 것은 법조계 선후배 사이의 불공정 카르텔인 전관예우가 작동하기 때문이다. 대형 로펌은 재벌 총수를 위해 담당 판검사와 인연이 있는 전관 변호사를 총동원한다. 심지어 재벌을 수사하던 검사가 그 재벌의 변호인으로 변신하기도 한다. 판사는 퇴임 후 거액의 전관예우를 기대하며 범죄자를 풀어준다. 대형 로펌은 집행유예 대가로 천문학적인 수임료를 받는다.

회삿돈 900억 원을 횡령하고 계열사에 2,100억 원대 손실을 끼친 혐의로 기소된 정몽구 현대차그룹 회장과 위장 계열사 빚을 갚아주기 위해 회삿돈 3,200여억 원을 부당 지출하고, 계열사 주식을 가족에게 헐값에 팔아넘겨 회사에 손실을 1,041억 원 떠넘긴 김승연 회장은 모두 징역 3년, 집행유예 5년을 받고 풀려났다.

집행유예 악용을 막기 위해 민주당 박주민 의원을 비롯하여 여야 의원들이 이득액 50억 원 이상의 구간을 세분화하여 특정 금액을 넘으면 형량을 2분의 1 감경해도 집행유예가 불가능하도록, 형 하한을 7년 이상으로 조정하는 법안을 여러 차례 국회에 제출했다.

경제 범죄에 대한 엄정한 법 집행을 공언했지만 문재인 정부는 특정경제범죄법을 개정하지 않았다. 재벌 총수가 수천억 원을 횡령해도 집행유예로 풀어 줄 수 있게 했다.

2019년 4월, 국무회의에서 특정경제범죄법 시행령을 개정하여 경제사범의 기업체 취업 제한 대상 범위를 경제 범죄로 손해를 본 기업체에까지 확대한 성과는 있었다. 유죄 판결을 받은 기업인이 집행유예 등으로 풀려나 곧바로 문제를 일으킨 기업체에 취업하는 관행에 제동을 걸었다. 이는 높이 평가할 수 있다.

> ▶ **용어 해설: 전관예우 개념과 사례**
>
> 전관예우(전관특혜)는 판검사 출신 변호사를 선임하면, 그렇지 않은 변호사를 선임하는 경우보다 사법 절차나 판결에서 특혜를 받는 법조계 실태를 가리킨다.
> 전관예우는 사법 절차와 판결이 법과 원칙이 아니라, 전관 변호사와 사건 담당 판검사의 연줄에 의해 좌우된다는 것을 의미한다. 이는 직업 윤리나 불공정·불합리 차원의 문제가 아니다. 고위 공직자의 부정부패다. 사법 정의와 법치주의를 훼손하는 중대 범죄다.
> 남기춘 전 검사의 행보는 재벌과 전관예우가 어떻게 맞물려 있는지 잘 보여 준다.

> "살아있는 대통령 수사하는 것보다 어려웠다. 재벌은 교묘하게 수사를 방해했다. 법무부도 우리를 지치게 했다."
>
> 2010년부터 한화그룹 비자금 사건을 수사하다가 2011년 1월, 돌연 사표를 낸 서울서부지검장 남기춘이 언론 인터뷰에서 한 말이다.[54]
> 그는 삼성, 한화 등 재벌 수사를 이끌며 외압에 굴하지 않는 검사로 유명했다. '삼성에서 뇌물 받지 않은 검사', '마지막 야전 사령관'이라는 별명도 붙었다.
> 검찰을 떠난 그는 2012년 6월, 김앤장에 들어갔다. 김앤장은 그가 수사한 '한화그룹 비자금 사건'을 변호하는 로펌이었다.
> 2013년 11월, 남기춘은 효성그룹의 변호사가 됐다. 계약금은 2년에 17억 원, 계약 후 1주일 내 지급하는 파격적인 대우였다. 당시 검찰 특수부는 효성그룹을 수사하고 있었다. 조석래 효성그룹 회장이 수천억 원을 탈세했다는 증거가 나왔기 때문이다.[55]
> 문재인 정부 시절인 2020년 3월, 법무부는 법조계 전관예우를 근절하겠다며 수임 제한 기간 연장, 비밀 변론과 본인 사건 취급 처벌 강화, 법조 브로커 퇴출, 전화 변론 규제, 법조윤리협의회 기능과 변호사 징계 기준 강화 등 다양한 대책을 내놓았지만 전관예우 폐습은 개선되지 않고 있다.
> 거악을 도려내어 정의를 세우려는 잘 드는 칼을 녹여 바로 그 거악의 방패막이로 주조하는 게 전관예우의 위력이다. 총수 일가는 전관예우로 재벌기업을 수사한 검사까지 재벌의 변호사로 만든다.
> 한화그룹을 수사하다 중도 사퇴하기 전인 2010년 말, 남기춘 검사는 검찰 내부 통신망에 '살아 있는 권력보다 살아 있는 재벌이 더 무섭다'고 썼다. 우리나라 재벌은 검찰도 두려워한다.

---

54) 강훈, "한화 과잉수사 논란 후 사표", 조선일보, 2011.2.20
55) 조원일, "2달에 2억, 2년에 17억… 검찰 전관 변호사와 재벌 거래", 뉴스타파, 2020.3.31

문재인 정부, 비리 기업인 특별사면 거부

대통령은 법률이 정하는 바에 의하여 사면·감형 또는 복권을 명할 수 있다(헌법 제79조 제1항). 사면은 일반사면과 특별사면이 있다. 일반사면은 특정 범죄를 저지른 모든 범죄자의 형 선고 효과나 형 선고를 받지 않은 자의 공소권을 소멸시킨다. 특별사면은 형이 확정된 특정인의 형 집행을 면제한다. 일반사면은 국회의 동의가 필요하지만 특별사면은 대통령이 단독으로 할 수 있다. 특별사면은 국회 동의가 필요 없기 때문에 남용 가능성이 크다.

대통령의 특별사면권은 통치 행위로서 존중해야 한다. 국민 통합을 위해 필요한 때도 있다. 역대 정부는 특별사면권을 유독 재벌 총수 일가에게만 시혜적으로 베풀어 국민 반감이 적지 않았다.

문재인 대통령은 횡령·배임 등 경제 범죄를 저지른 재벌 총수의 사면권 제한과 사면권 심사 강화를 공약했고 재임 중에 대기업 총수에 대한 특별사면권을 한 차례도 행사하지 않았다.

대한상공회의소, 한국무역협회, 한국경영자총협회 등 경제 단체와 보수 언론은 삼성 이재용 회장, 롯데 신동빈 회장 등 기업인을 사면해달라고 여러 차례 청원했다.

국가 경제가 한 치 앞도 알 수 없는 위기이며 이런 위기 극복과 미래 경쟁력 확보를 위해 역량 있는 기업인의 헌신이 필요하다. 특별사면과 복권을 통해 우리 사회가 대립과 갈등을 치유하고 보다 높은 차원의 국민 통합을 이룰 수 있다는 이유를 들었다. 국가와 기업이 함께 나서 수출입 시장을 다변화하고, 원자재의 안정적인 공급망을 확보해야 한다거나 미래를 위해 국민 통합이 필요하고, 국민 통합을 위해 사면해야 한다는 이유도 빠지지 않았다.

시민 단체는 재벌 총수의 명백한 범죄 행위를 없던 일로 만드는 특별사면은 사법 정의를 해치고, 법치주의를 흔들어 대외 신인도를 갉아먹는다고 반대했다. 불법을 저지른 특권 계급을 무분별하게 사면하면 국민 통합을 저해하고 '법 앞의 평등'이라는 민주주의 기본 원칙을 무너뜨린다고 목소리를 높였다.

문재인 정부는 이재용 회장과 신동빈 회장 사면을 검토한 적 없고 국정 농단 사범에 대한 사면은 불가하다고 단호하게 거부했다. 문 대통령은 임기 말까지 총수 일가 등 비리 기업인을 특별사면하지 않았다. 그는 국민에게 한 약속을 충실하게 지켰다.

다만, 법무부 소속 사면심사위원회의 독립성 확보와 회의록 즉시 공개 등 절차 강화와 형기를 채우지 않았거나 집행유예 기간이면 특별사면을 제한하라는 요구는 법제화하지 않았다.

05.
부칙으로 무력화한
지주회사 의무 지분율 상향

지주회사 요건 완화로 경제력 집중 심화

지주회사는 다른 회사 주식을 보유하여, 그 회사의 사업 내용을 지배하는 것을 주 사업으로 하는 회사다. 자회사는 지주회사에게 사업 내용을 지배받는 회사를 말한다. 손자회사는 자회사에게 사업 내용을 지배받는다. 쉽게 말하면 자회사의 자회사이다.

지주회사는 수직 출자로 계열사 전반을 자회사, 손자회사, 증손회사로 거느린다. 주 수입원은 자회사가 모회사에 지급하는 배당금과 브랜드 사용료, 영업 자문 수수료 등이다.

지주회사는 피라미드형 주식 소유나 순환출자 지배 구조와 비교하여, 구조가 단순하고 투명하다. 가공 자본 비중도 적다.

구글이나 제네럴 일렉트릭(GE)도 지주회사 체제다. 구글은 알파벳이라는 지주회사를 설립하여 인공지능, 무인 자동차 등 신규 사업부를 독립적인 자회사로 재편했다. 스웨덴의 발렌베리 그룹도 지주회사 체제다.

구글과 GE 등 미국 지주회사와 한국 재벌의 지주회사 간에는 뚜렷하게 다른 점이 있다. 미국은 대개 지주회사가 자회사 지분을 100% 소유한다. 지주회사만 상장되어 거래되고 자회사는 모두 비상장회사다.

한국에서는 자회사 지분율이 20%만 넘으면 되기 때문에 자회사 지분을 100% 소유한 지주회사는 많지 않다. 자회사를 상장한 지주회사는 많다.

지주회사와 지주회사가 거느린 자회사가 모두 상장되면 자회사 주주 사이에 이해가 상충할 수 있다. 총수 일가 지분이 많은 회사와 적은 회사가 정당하지 않은 가격으로 거래하여 지배 주주가 사익을 편취할 가능성이 높다. 적은 자본으로 많은 계열사를 거느릴 수 있어 재벌 기업으로 경제력을 집중할 수 있다. 실제로 그렇게 되었다.

우리나라는 '독점규제 및 공정거래에 관한 법률 제8조의2'에 자본 총액 2배를 초과하는 부채 보유 금지, 자회사 최저 지분율 등 '지주회사 등의 행위 제한' 규정을 두었다. 거대 자본의 지배력 확장을 제한하고 단순하고 투명한 출자 구조를 유지하기 위해서다.

지주회사는 19세기 말 미국에서 처음 등장했다. 정부가 담합 행위를 규제하자 이를 피하기 위한 방편이었다. 우리나라는 외환 위기 전까지 지주회사 설립을 금지했다. 적은 지분으로 모든 계열사를 지배할 수 있어 경제력 집중을 심화할 수 있다고 우려했기 때문이다.

외환 위기가 터지자 구조 조정 촉진과 소유 지배 구조 개선을 위해 1999년 2월부터 허용했다. 부채 비율은 100%로 제한하고 자회사와 손자회사 지분율을 30%(비상장회사 50%) 이상 보유하도록 했다.

부채 비율 100% 이하, 자회사 지분율 30% 이상은 지주회사가 빚을 내서 다른 계열사를 지배하거나, 몸집 불리기를 막기 위한 조치였다. 자기 자본 이상으로 돈 빌리지 말고, 자회사를 늘리기보다 기존 자회사 지분율을 안정적으로 유지하라는 요구였다.

2007년, 참여 정부는 지주회사 부채 비율을 200%로 완화하고, 자회사 지분율은 20%(비상장사 40%)로 낮춰 주었다. 지주회사 체제는 지배 구조가 단순하여 경영 상황을 쉽게 감시할 수 있고, 한 계열사 위기가 다른 계열사로 전이되지 않는다고 판단했기 때문이다.

부채 비율을 200%로 완화하자 지주회사는 가진 돈 이상으로 차입할 수 있게 되었다. 자회사 지분은 20%만 보유하면 되므로 주식을 처분하여 남은 돈으로 계열사를 더 늘릴 수 있게 되었다.

부작용은 바로 나타났다. 재벌 총수 일가는 양도차익 과세이연 등 세금 혜택을 받아 자기 돈을 내지 않고 지배력을 강화하고, 지주회사는 계열사를 늘려가면서 경제력 집중이 심화되었다.

> ▶ **용어 해설: 과세이연**
>
> 기업이나 개인이 자금을 원활하게 운용할 수 있도록 돕기 위해 자산을 팔 때까지 세금 부과를 유예하는 제도다. 이 제도에 따라 지주회사를 설립하거나 전환하면서 현물출자할 때 발생하는 양도차익은 과세를 미뤄준다. 60세 이상 부모가 18세 이상 자녀에게 중소기업 창업자금을 증여하면 증여액에서 5억 원을 제외한 나머지 금액에 과세한다. 즉, 5억 원에 부과할 세금은 과세이연한다. 세금은 자녀가 부모 재산을 완전히 상속받을 때 낼 수 있다.

경제력 집중, 소비자 이익과 시장 경제 발전 저해

2018년 6월. 경제협력개발기구(OECD)는 〈한국 경제 보고서〉를 통해 "과도한 경제력 집중은 기업가 정신과 신생 기업의 발전을 가로막고 불공정 거래 관행을 초래하여 경쟁과 효율성을 저해한다"며 재벌 기업의 지배 구조가 사회 전반에 미치는 폐해를 지적했다.

OECD는 이어서 "총수 일가가 낮은 지분으로 계열사 전체를 지배하여 소유 구조를 왜곡하고 주주 이익을 침해한다"며 "경제력 집중으로 총수 일가 영향력이 정계, 언론계, 법조계까지 확대되어 부패를 초래할 가능성이 커졌다"고 강조했다.

공정한 경쟁이 사라지면 시장 지배적 기업은 혁신과 발전보다는 기존 지위를 유지·강화하거나 시장 지배력을 이용하여 부당한 이익을 추구하는 데 몰두하기 마련이다. 이는 소비자 이익과 시장 경제 발전을 저해한다.

2023년 12월 중소기업중앙회는 "기술 탈취는 납품 단가 후려치기와 함께 대기업의 대표적인 갑질 횡포로 국회와 정부도 심각성을 인지하고 대응을 강화해 왔으나 끊이지 않고 있다"며 "2017년부터 2021년까지 중소기업의 기술 탈취 피해 건수는 280건, 피해 금액은 2,827억 원에 달한다"고 공개했다.

〈2022 중소기업 기술보호수준 실태 조사〉에 따르면, 2011년부터 2022년까지 손해배상 소송에서 중소기업이 승소한 사례는 단 1건에 불과하다. 중소기업중앙회는 "기술을 탈취당한 중소기업이 대형 로펌과 사내 법무팀으로 무장한 대기업을 상대로 손해배상 소송을 제기하여 기술 탈취 사실과 손해액을 입증하고 피해를 구제받기란 매우 어렵다"고 고충을 토로했다.[56]

우리나라에 유독 대기업의 중소기업 기술 탈취와 단가 후려치기가 빈번한 것은 재벌 기업을 중심으로 하청 구조가 짜여 있기 때문이다.

대기업 중심의 하청 구조로 재벌 기업은 가격 경쟁력을 확보할 수 있지만 중간재 산업에서는 혁신이 사라진다. 실제로 재벌 계열사 사

---

[56] 박상돈, "국회, 기술탈취 근절 하도급법 개정안 통과시켜야", 연합뉴스, 2023.12.6

이에 내부 거래가 빈번하고 하청 구조가 지배하는 B2B(Business to Business) 분야에서는 혁신이 거의 일어나지 않는다.[57]

중소기업은 생산성이 낮아져 이익을 많이 낼 수 없다. 임금을 충분히 지급할 수 없어 좋은 인재를 채용할 수 없다. 경쟁력이 떨어져 도산 가능성이 높아진다. 중소기업 도산은 경제 위기를 초래하고 양극화를 심화한다.

지주회사 요건을 완화한 후 재벌은 적은 자본으로 과도하게 지배력을 확대하면서 경제력 집중이 심화되었다. 총수 일가가 지주회사를 통해 자회사·손자회사와 거래하여 사익 편취를 하는 사례도 늘었다.

부칙으로 기존 규정 그대로 적용

문재인 정부는 출범 두 달이 지난 2017년 7월, '100대 국정 과제'와 '국정 운영 5개년 계획'을 발표하며 지주회사를 통한 편법적 지배력 확대와 사익 편취를 막겠다고 약속했다.

2020년 12월, 문재인 정부는 공정거래법을 개정하여 지주회사의 자회사·손자회사 의무 지분율을 상장회사 30%, 비상장회사 50%로

---

57) 박상인, "왜 재벌개혁인가?", 프레시안, 2019.6.24

상향 조정하였다.

〈지주회사의 자회사와 손자회사 의무 지분율〉

	개정 전	개정 후
상장회사	20%	30%
비상장회사	40%	50%

문제는 부칙이었다. 개정한 공정거래법 시행 전에 전환·설립된 지주회사와 자회사, 손자회사로 편입되어 있는 회사는 기존 규정을 그대로 적용하도록 했다(개정법 부칙 제11조). 부채 비율을 100% 이하로 제한하는 조항도 넣지 않았다.

자회사·손자회사 의무 지분율 요건을 10%씩 상향 조정한 것은 바람직했지만 부칙 제11조로 법 개정의 효과는 크게 떨어졌다.

지분율 요건을 30%로 조정하면 당시 기준으로 SK와 셀트리온 그룹만 영향을 받았다. 두 그룹의 지분 추가 매입 비용이 약 10조 4천억 원으로 전체의 98%를 차지했기 때문이다. 코오롱과 한솔 등 다른 그룹에는 영향이 미미했다.

당시 SK그룹의 지주회사 SK㈜는 자회사인 SK텔레콤 지분을 25.2%, SK텔레콤은 SK하이닉스 지분을 20.1% 보유하고 있었다. 30%로 지분율을 끌어올리려면 SK그룹은 약 6조 7천억 원이 필요했다. 지주회사 셀트리온홀딩스는 자회사 셀트리온 지분을 20.1%에서 30%로 높이려면 약 3조 7천억 원이 필요했다.

부칙은 SK와 셀트리온을 위한 특혜라는 비판을 받았다. 기존 규정을 적용하는 부칙으로 법 개정 후 실제 영향을 받는 기존 지주회사는 없었다. 법을 개정하여 생색은 냈지만 부칙으로 취지를 무력화했다.

2024년 6월, 공정거래위원회가 발표한 지주회사 현황에 따르면, 전체 지주회사의 평균 부채 비율은 43.2%이다. 부채 비율 한도인 200%를 크게 밑돌았다. 개정안에 부채 비율을 100% 이하로 제한하는 규정을 넣지 않았지만 지주회사의 재무 건전성은 높았다.

06.
자사주 마법은
윤석열 정부가 차단

자사주는 의결권과 배당권, 신주인수권 등 거의 모든 주주권을 인정받지 못한다. 주주권 부여로 회사가 스스로 주주가 되는 것은 타인 출자를 전제로 하는 주식회사 본질에 부합하지 않기 때문이다. 그동안 기업들은 법령이나 판례가 명확하지 않아 인적분할을 할 때 자사주에도 신주를 배정해왔다.

자사주 마법은 회사를 인적분할할 때 자사주 의결권이 부활하는 효과를 말한다. 자사주는 원래 의결권이 없다. 인적분할 시 신설회사 주식을 배정받으면 자사주는 의결권이 생긴다. 지배 주주는 추가로 출연하지 않고도 지배력을 높일 수 있어 자사주 마법이라고 부른다.

인적분할은 한 회사의 재산을 분할하여 새로운 회사를 설립하고 기존 회사의 주주에게 신설 회사 신주를 지분율에 따라 배정하는 분할 방식이다. 기존 회사가 자사주를 보유한 경우 기존 회사를 주주로 간주하여 신설 회사 신주를 배정할 수 있다.

지분율이 지배 주주 40%, 일반 주주 30%, 자사주 30%인 A사가 있다고 하자. A사가 인적분할로 기존 A사와 신설 B사로 나뉘면, 기존 A사 지배 주주와 일반 주주는 A사와 B사 지분을 각 40%, 30% 갖게 된다. 신설 B사의 나머지 지분 30%는 A사에 돌아간다. A사가 보유한 자사주에도 기존 주주와 똑같이 신주를 배정하기 때문이다.

지배 주주의 B사 지분율은 당초 40%에서 자사주로 얻은 30%를 더하여 70%로 증가한다. 기존 회사 지배 주주는 신설 회사에서 기존 회사보다 높은 지배력을 확보할 수 있다. 한 푼도 내지 않고 지배 주주는 지배력을 확대할 수 있으니 마법이 아닐 수 없다. 이는 지속적으로 일반 주주 이익을 침해하는 행위라는 지적을 받았다.

인적분할 시 기존 회사의 자사주에 신설 회사 신주를 배정하는 것은 신주 배정 가능 여부에 관한 명시적 규정이 없고 자사주의 자산성을 인정하는 법령과 판례가 있어 가능했다.

현행법은 자사주 취득과 처분을 주식 거래의 틀 안에서 허용한다. 자사주를 합병 대가, 기업 분할 대상, 현물 배당 수단 등으로 인정한다. 자사주가 주주권이 있다고 해석하면, 분할 과정에서 자사주에 신주를 배정할 수 있다.

문재인 정부는 지주회사 전환 과정에서 주로 발생하는, 자사주를 활용한 지배 주주의 지배권 확대와 공고화를 막기 위해 자사주 의결권 부활 방지를 약속했다.

자사주를 매각할 때 신주 발행과 동일한 방식으로 하게 하거나, 인적분할할 때 자사주에 신설 회사가 주식을 발행하지 못하게 하는 방안을 추진하였다. 이러한 내용을 담은 상법과 자본시장법 개정안이 국회에 제출되었지만 문 정부 임기 내에서는 통과되지 않았다.

2024년 12월, 윤석열 정부는 자사주 제도 개선을 위해 '자본시장과 금융투자업에 관한 법률 시행령' 개정안을 의결하여 2024년 12월 31일부터 시행했다. 개정안은 상장 법인을 인적분할할 때 자사주에 신주 배정을 할 수 없도록 분명하게 규정했다.

재벌 개혁을 공언한 문재인 정부가 지키지 않은 자사주 마법 방지는 재벌 개혁에 소극적이라고 비판받은 윤석열 정부가 실천했다.

07.
현대차 봐주기, 순환출자 규제 부칙

경제 민주화를 내걸고 당선된 박근혜 정부는 2014년 1월, 공정거래법을 개정하여 신규 순환출자를 금지했지만 기존 순환출자는 허용했다. 이는 재벌의 지배 구조를 개선하는 데 도움이 되지 않았다. 재벌은 이미 순환출자를 십분 활용하여 지배 구조를 탄탄하게 구축했기 때문이다.

문재인 정부는 '100대 국정 과제'와 '국정 운영 5개년 계획'을 통해 기존 순환출자도 단계적으로 해소하는 방안을 마련하겠다고 공약했다.

한국 재벌 기업은 계열사를 늘리고 지배하기 위해 순환출자를 적극 활용했다. 자신이 보유한 자본 이상으로 통제력을 발휘할 수 있기 때문이다.

현행법에서는 A와 B 두 계열사 간 상호출자를 금지하고 있는데 순환출자에 대해서는 별도로 규정을 두지 않고 있다. 순환출자 규모나 내용을 파악하는 일이 쉽지 않기 때문이다. 순환출자는 상호출자를 금지하면서 생겨난 편법 출자라고 할 수 있다.

공정거래법은 상호출자제한기업집단에 속하는 국내 회사가 계열사끼리 투자하여 상대 회사 주식을 상호 보유하는 상호출자를 금지한다(제21조). 자본금이 100억 원인 A사가 B사에 50억 원을 출자하고, B사는 이 중에서 25억 원을 A사에 출자하는 게 상호출자다.

A사 지배 주주는 회삿돈으로 B사를 지배하고, 다시 B사 지분으로 A사에 경영권을 행사할 수 있다. 정부는 상호출자를 '기업 건전성과 책임성을 해치는 악성 출자'로 규정하고 46개 상호출자제한기업집단은 계열사 간 상호출자를 금지한다.

순환출자는 상호출자와 비슷하게 특정인이나 특정 회사가 자기자본 이상으로 지배력을 발휘하게 한다. 순환출자를 하면 재벌은 가공 자본을 생성하고, 적은 지분으로도 많은 계열사를 실질적으로 지배하여 경영권을 확보할 수 있다.

박근혜 정부는 신규 순환출자를 금지했지만 기존 순환출자는 허용했다. 문재인 정부는 한발 더 나아가 기존 순환출자도 단계적으로 해소하겠다고 공약했다.

재벌 기업은 2017년부터 2018년 초까지 지배 구조를 개선하면서 롯데, 현대중공업, CJ그룹 등이 순환출자를 해소하기 시작했다. 지금은 현대차그룹을 제외하고 재벌 기업은 순환출자를 대부분 해소했다.

2020년 12월, 문재인 정부는 공정거래법을 개정하여, 기존 순환출자에 대하여 의결권 행사를 제한했다. A사 → B사 → C사 → A사로 연결되는 순환출자인 경우 C사가 A사에 대하여 의결권을 행사하지 못하게 했다.

이는 상호출자제한기업집단으로 지정된 경우, 지정 당시 소유하거나 취득한 계열사 주식의 의결권 행사를 제한하여 순환출자 규제를 강화한 조치이다.

규제는 강화했지만 실효성은 없었다. 부칙 제3조를 통해 개정 공정거래법 시행 이후 새로 상호출자제한기업집단으로 지정되는 대기업에만 적용하도록 했기 때문이다. 공정거래법 개정 전에 지정된 대기업에는 적용하지 않았다.

이는 명백히 현대차그룹에 특혜를 준 조치라는 비판이 나왔다. 30대 그룹 가운데 순환출자를 해소하지 못한 그룹은 현대차뿐이기 때문이다.

SK, LG, 롯데, 한화 등 대기업이 순환출자를 해소하며 지배 구조를 단순화하는 동안, 현대차그룹은 현대모비스 → 현대차 → 기아 → 현대모비스로 이어지는 순환출자 구조를 여전히 유지하고 있다.

투자 자문사인 엘리엇 어드바이저스는 "나쁜 지배 구조는 나쁜 결정으로 이어진다"며 현대차그룹의 순환출자 구조를 비판했다.

문재인 정부는 특정 기업을 위해 부칙을 통해 순환출자에 대한 의결권 행사 제한을 무력화했다. 지주회사의 자회사·손자회사 의무 지분율 상향을 부칙으로 무력화한 방식과 똑같았다.

08.
해외 계열사 공시로
출자 구조 개선

▶ 롯데그룹 형제 지배권 분쟁이 터지면서 해외 계열사를 통한 복잡한 출자 구조로 총수 전횡을 견제하기 어렵다는 사실이 드러났다.

---

58)   픽사베이

해외법인을 통한 국내 계열사 출자 현황 공시는 해외 계열사를 이용한 재벌 기업의 복잡한 출자 구조를 개선하고 조세 회피를 막기 위한 제도이다.

2015년 7월, 롯데그룹 신동주·신동빈 형제가 경영권 승계 다툼을 벌였다. 이 과정에서 롯데그룹이 해외 계열사를 이용하여 복잡한 출자 구조를 유지하고 있다는 사실이 드러났다.

당시 공정거래위원회가 롯데의 해외 계열사를 조사한 결과, 롯데그룹 지배 구조의 최상단에 있는 회사는 광윤사였다. 이 회사는 1967년 일본에 설립된 포장재 업체다. 롯데 총수 일가는 광윤사를 통해 롯데홀딩스를 지배하고, 롯데홀딩스가 다른 일본 계열사와 국내 주요 계열사를 지배했다.

이 사건을 계기로, 재벌의 해외 계열사 소유 현황은 물론 국내 계열사와 거래 관계 등을 밝혀야 한다는 요구가 높아졌다. 복잡한 해외 계열사 출자 구조를 통해 재벌 총수가 지배력을 부당하게 강화하거나, 조세피난처에 설립한 법인을 통해 세금을 내지 않을 수 있기 때문이다.

자산총액이 국내총생산액(GDP)의 0.5%를 넘는 상호출자제한기업집단은 공정거래법 등에 따라, 특수관계인에게 부당한 이익을 제공할 수 없고 순환출자와 채무보증을 할 수 없다. 금융·보험사의 의결권 행사도 제약을 받는다. 해외 계열사에게는 국내법이 적용되지 않기 때문에 이러한 규제가 통하지 않는다.

박근혜 정부는 문제점을 인식하고 해외 계열사 공시 의무화 법안을 추진했다. '롯데법'으로 불린 이 법안은 국회 문턱을 넘지 못했다. 2015년 8월, 당시 새정치민주연합 소속 신학용, 이언주 의원이 추진한 롯데법도 마찬가지였다.

문재인 정부는 공정거래법 시행령을 개정하여 2021년 12월부터 공시대상기업집단의 특수 관계인이 20% 이상 주식을 소유한 해외 계열사의 주주 구성 등을 공시하도록 했다.

개정 공정거래법 시행령에 따라, 공시대상기업집단은 총수 일가가 20% 이상 출자한 해외 계열사나, 국내 계열사에 직간접적으로 출자한 해외 계열사의 회사 이름, 소재 국가, 설립일, 사업 내용 등을 공시해야 한다. 해외 계열사의 출자 현황과 주주 현황도 공시해야 한다.

2024년을 기준으로 공시대상기업집단 88개가 실질적으로 지배하는 해외 계열사는 6,166개다. 2023년은 5,686개였다. 일 년 사이에 480개(8.4%)나 증가했다. 국내 계열사 3,118곳보다 3천 개 이상 많고 129개국에 걸쳐 있다.

버진아일랜드, 케이맨제도 등 조세피난처에도 150개나 있다. 2024년 10월 민주당 신영대 의원이 한국은행에서 받은 자료에 따르면, 2020년부터 2024년 상반기까지 국내에서 주요 국외 조세피난처 15곳으로 송금된 금액은 총 39조 341억 원으로 나타났다. 해외 계열사를 조사하고 감시하지 않을 수 없는 시기가 도래했다.

문재인 정부는 해외 계열사 현황을 공시하게 하여, 재벌 기업의 복잡한 출자 구조를 개선하고, 지배 주주 전횡을 견제하며, 조세 회피를 방지하는 기틀을 마련했다.

> **용어 해설: 조세피난처(Tax Haven)**

법인 소득 전부나 상당 부분에 조세를 부과하지 않거나 부담 세액이 실제 발생 소득의 15% 이하인 국가나 지역을 말한다.

조세피난처에서는 외국환관리법과 회사법 등의 규제가 적어, 기업을 경영하는 데 장애가 거의 없다.

기업이 조세피난처를 이용하면 절세나 탈세가 가능하지만 정부는 세수가 크게 감소한다.

조세피난처는 금융 거래의 익명성을 철저하게 보장하기 때문에 탈세와 돈세탁의 온상이 되기도 한다. 2000년 이후 OECD를 중심으로 조세피난처를 강하게 규제하려는 움직임이 있다.[59]

조세피난처는 전 세계에 60곳 정도 있다. 버뮤다, 케이맨군도, 바하마 등은 소득세를 한 푼도 징수하지 않는다. 싱가포르, 바레인, 이스라엘, 버진 아일랜드는 세금을 아주 조금만 징수한다. 홍콩은 해외 발생 소득에는 세금을 걷지 않는다.

---

59) 기획재정부 시사경제용어사전

09.
규제 대상 확대로
사익 편취 감시

　　　　　　　　　대기업 총수 일가의 사익 편취 규제 대상 확대는 박근혜 정부 때부터 시민단체와 야당이 지속적으로 요구한 개혁 과제였다.

　당시 공정거래법은 공시대상기업집단의 부당한 내부거래를 근절하기 위해, 총수 일가 등 특수관계인이 지분을 30% 이상 보유한 상장 계열사나 20% 이상 보유한 비상장 계열사에 부당하게 이익을 제공하지 못하게 했다.

　특수관계인 지분이 30% 미만인 계열사에는 일감 몰아주기 등을 규제하지 않으면서, 총수 일가 지분이 30% 미만이지만 내부거래 규모가 큰 상장사는 규제를 피할 수 있었다.

　당시 특수관계인 지분이 28.1%인 한진그룹 산하의 한진칼이나, 29.9%인 현대차그룹 소속의 현대글로비스와 이노션은 내부거래 비중이 50%가 넘었지만 규제를 피했다.

　규제가 시급한 기업은 총수 일가 지분율과 내부거래 비율, 배당금 지급률 등이 모두 높은 상장사인데도 규제하지 못하는 허점이 생겼다.

부당한 사익 편취를 규제한다는 법 취지를 생각하면 상장사만 규제를 완화해줄 이유가 없었다. 박근혜 정부는 합리적인 이유 없이 규제 사각지대를 만들어 실효성을 떨어뜨렸다.

사익 편취 규제는 총수 있는 대기업의 내부거래 비중이, 총수 없는 대기업보다 높다는 사실 등을 근거로 공정거래법을 개정하여 2014년 1월부터 시행했다.

개정 공정거래법 시행 후 공시대상기업집단의 내부거래는 줄지 않았다. 특히 규제를 받지 않는 지분율 30% 미만의 사각지대에서 내부거래 비중이 높게 나타났다.

2019년, 공정거래위원회가 공시대상기업집단의 내부 거래를 분석한 결과, 전체 거래 중에 내부거래가 차지하는 비중이 12.2%로 나타났다. 내부거래액은 198.6조 원으로 전년도보다 7.2조 원 증가했다. 총수 있는 상위 10대 기업의 내부거래 비중은 13.8%로 나타났다. 내부거래 금액은 151.1조 원으로 전년도 142조 원보다 9.1조 원 늘었다.

사각지대에 있는 기업의 2018년 내부거래 비중은 12.4%, 거래액은 27.5조 원이었다. 사익 편취 규제 대상 회사의 내부거래액 9.2조 원보다 3배가량 많았다.

박근혜 정부 시절, 국회에서는 총수 일가의 사익 편취 규제 범위를 확대하기 위해 공정거래법을 개정하려는 움직임이 있었다. 2016년 김동철, 제윤경, 채이배 의원 등 국회의원 30여 명이 개정안을 발의했다.

개정안은 공통적으로 총수 일가의 사익 편취 규제 범위를 상장 여부와 상관없이 지분율 20% 이상으로 조정했다.

재계는 안정적 공급처를 확보하기 어렵다. 장래 예상되는 수급 불균형에 대응해야 한다. 내부 거래 외에 믿을 만한 거래처가 없다는 등의 이유를 들어 반대했다. 공정거래위원회도 내부거래 자체가 위법은 아니라며 소극적이었다. 결국 박근혜 정부에서 규제 확대 법안은 국회를 통과하지 못했다.

문재인 정부는 출범 두 달이 지난 2017년 7월, '100대 국정 과제'와 '국정 운영 5개년 계획'을 발표하며, 총수 일가의 사익 편취 규제 대상을 확대하고 사익 편취를 상시 감시하겠다고 공표했다.

2020년 12월, 문재인 정부는 공정거래법을 전면 개정하면서 총수 일가의 사익 편취를 강하게 규제하겠다는 공언을 지켰다.

전면 개정 공정거래법은 사익 편취 규제 대상을 확대했다. 특수관계인 등 지분 보유 요건을 상장사도 20% 이상으로 낮췄다. 특수관계인이 지분을 20% 이상 보유하는 회사의 자회사도 규제 대상에 넣었다(제47조 제1항).

⟨공정거래법 전면 개정 전후 비교⟩

	개정 전	개정 후
대상	공시대상기업집단	공시대상기업집단
계열사 특수관계인 지분 보유 요건	상장사 30%, 비상장사 20%	상장사, 비상장사 모두 20%
계열사의 자회사	포함하지 않음	포함(50% 초과 보유 시)

전면 개정법 시행으로 그동안 규제망에 걸리지 않은 계열사의 내부거래도 규제할 수 있게 되었다. 국회 정무위원회 보고서에 의하면, 전면 개정법 시행으로 사익 편취 규제 대상 기업은 2020년 5월 기준 210개에서 598개로 3배 가까이 증가했다.

규제를 강화하면서 지분 매각, 계열사 간 지분 교환, 합병이나 물적분할 등을 촉진하여 지배 구조 개선을 기대할 수 있게 되었다. 정상 가격 준수, 거래 대상자 선정 방식 개선, 부당 이익 감소 등의 가능성도 높일 수 있게 되었다.

문제가 더 심각할 것으로 추정하는 중견·중소기업은 규제하지 않았다. 앞으로 중견·중소기업도 실태를 파악하여 규제를 도입해야 한다.

10.
지주회사과 신설로 감시 강화

문재인 정부, 기업집단국을 정규 조직으로 확정

  2017년 9월, 문재인 정부는 재벌 개혁 공약을 이행할 핵심 조직으로, 공정거래위원회에 기업집단국을 신설했다.
  기업집단국은 대기업 조사를 전담하고 관련 정책을 수립하기 위해 경쟁정책국 내 기업집단과를 확대, 개편하여 만들었다. 당시 김상조 공정거래위원장은 기업집단과를 '국'으로 승격하고 인원과 권한을 크게 늘렸다. 김 위원장은 취임 초기부터 일감 몰아주기를 근절하여, 총수 일가가 부당하게 이익을 얻는 것을 차단하려고 했다.
  기업집단국은 기업집단정책과, 지주회사과, 공시점검과, 내부거래감시과, 부당지원감시과로 구성되었다. 이 중에서 지주회사과는 지주회사 설립과 전환 과정을 관할하고, 일감 몰아주기와 총수 일가의 사익 편취 등을 관리, 감독하는 부서였다. 대기업 총수 일가의 사익 추구와 경제력 집중 수단으로 지주회사를 악용하는 것을 막는 핵심 조직이었다.

　기업집단국은 일감 몰아주기, 부당 내부 거래 등을 조사하여 금호아시아나, 대림, 효성, 미래에셋 등에 과징금을 물리고 연루된 임직원을 고발했다. 박삼구 전 금호아시아나 회장, 이해욱 대림 회장, 조현준 효성 회장 등을 검찰에 고발했다. 재벌은 기업집단국을 눈엣가시로 여겼다. 언론은 기업집단국을 '재벌 저승사자'라고 불렀다.

　2021년 5월 들어, 문재인 정부는 공정거래위원회 기업집단국을 정규 조직으로 확정했다. 안정적인 법 집행 체계를 토대로 대기업 지배 구조를 개선하고, 부당 내부 거래를 효율적으로 차단하기 위해서다.

　기업집단국 신설과 정규 조직 확정으로 문재인 정부는 총수 일가의 사익 편취를 상시 감시하겠다는 약속을 지켰다.

윤석열 정부, 지주회사과 전격 폐지

　2022년 9월, 윤석열 정부는 돌연 기업집단국 조직을 축소하면서 지주회사과를 설립 5년 만에 폐지했다.

　공정거래위원회에 따르면, 2025년 5월을 기준으로 대규모기업집단 소속 지주회사는 173개다. 2021년 12월 기준 48개보다 3배 이상 늘었다. 지주회사가 증가하면서 위법 행위 감시와 조사, 제재, 제도 개선 등 지주회사과의 역할이 커졌지만, 윤석열 정부는 구체적 평가 결과나 인원 감축 근거를 내놓지 않고 지주회사과를 전격 폐지했다.

이는 윤석열 정부가 공정거래위원회의 재벌 감시·견제 기능을 약화하여, 경제력 집중 억제 등 재벌 정책을 후퇴시키겠다는 의도라고 해석할 수밖에 없다.

11.
의결권 행사 예외 허용으로 실효성 약화

공정거래법은 상호출자제한기업집단에 속하는 국내 금융·보험사는 취득하거나 소유한 국내 계열사 주식에 대해 의결권을 행사할 수 없다고 규정한다(제25조 제1항).

예외적으로 금융업 또는 보험업을 영위하기 위하여 주식을 취득·소유하는 경우와 보험 자산의 운용·관리를 위해 '보험업법' 등에 따라 승인을 받아 주식을 취득·소유하는 경우 그리고 해당 국내 계열 상장사 주주총회에서 임원의 선임 또는 해임, 정관 변경, 그 계열사의 합병, 영업 양도의 경우는 특수관계인 합산 15% 내에서 의결권 행사를 허용한다.

금융계열사의 다른 계열사 의결권 제한은 그룹 내 금융·보험사를 통해 고객 자금으로 총수 지배력을 유지, 강화하는 것을 막기 위해 1987년 도입했다.

상호출자제한기업집단에 속하는 금융·보험사는 국내 계열사 주식에 대하여 의결권 행사를 금지했지만 임원의 선임 또는 해임, 정관 변경, 합병과 영업 양도 등에는 허용하는 예외 조항을 두었다. 예외를 허용하면서 총수 일가가 고객 돈을 맡아 운용하는 금융사를 자신의 지배권 유지, 강화 수단으로 악용한다는 비판이 끊임없이 나왔다.

문재인 정부를 이 비판을 수용했다. 2017년 7월, '100대 국정 과제'와 '국정 운영 5개년 계획'을 발표하며 금융·보험사 계열사에 대한 의결권 제한을 강화하겠다고 공표했다.

2020년 12월, 문재인 정부는 공정거래법을 개정하여 금융·보험사의 의결권 행사를 종전과 같이 특수관계인과 합하여 15%까지 허용했지만, 계열사 간 합병과 영업의 전부 또는 주요 부분 양도에는 의결권을 행사할 수 없도록 했다. 이는 의결권 제한을 강화한 조치라고 평가할 수 있다.

2022년 4월, 경제개혁연구소가 법 개정 효과를 분석한 결과, 의결권 행사에 제약을 더 받는 회사는 당시 기준으로 8개사에 불과했다. 그마저 의미 있는 의결권 제한 효과는 거의 생기지 않았다.

공정거래위원회에 따르면, 2024년 5월을 기준으로 88개 공시대상 기업집단 중에 금융·보험사를 보유한 금산복합집단은 55개이다. 이 집단이 보유한 금융·보험사는 총 386개이다.

상호출자제한기업집단 48개 중에 금산복합집단은 32개로, 금융·보험사를 총 165개 보유하고 있다. 상호출자제한기업집단 소속 165개 금융·보험사는 공정거래법 제25조 제1항에 따라 의결권 제한 기업이다.

〈공시대상기업집단의 금융·보험사 보유 현황〉

	금산복합집단(금융보험사수)	금융보험사 없는 집단	계
공시대상기업집단	55(386)	33	88
공시대상기업집단 중에 상호출자제한기업집단	32(165)	16	48

상호출자제한기업집단이면서 금산복합집단인 32개 집단 중에 17개 집단 소속 53개 금융·보험사는 금융 99개, 비금융 44개 등 143개 계열사에 14.9조 원을 출자하고 있다.

2024년 10월, 공정거래위원회에 따르면, 최근 5년간 상호출자제한기업집단 소속 금융·보험사가 출자한 비금융 계열사는 2020년 38개사에서 2024년 44개사로 6개 증가했다.

공정거래위원회가 2022년 5월부터 2024년 4월까지 금융·보험사가 보유한 비금융·보험사 주식에 대한 의결권 행사 현황을 조사한 결과, 9개 상호출자제한기업집단 소속 16개 금융·보험사가 22개 비금융계열사 주주총회에서 의결권을 총 247회 행사했다.

공정거래법 제25조 제1항 단서 제2호와 제3호에 따른 의결권 행사는 총 161회였다. 이사와 감사 선임 46회, 배당과 사업 계획 승인 등 38회, 보수 한도 승인 34회, 재무제표 승인 30회, 정관 변경 13회 순이었다.[60]

---

60) 공정위, '2024년 상호출자제한기업집단 채무 보증 및 금융·보험사 의결권 행사 현황', 2024.10.6

금산분리가 제대로 작동하려면 금융·보험사가 보유한 비금융 계열사 주식에 대한 의결권 행사 제한은 예외를 허용하지 않아야 한다.

문재인 정부는 의결권 제한 예외 조항에서 계열사 합병과 영업 양도만 제외했다. 공정거래법을 개정했지만 최소한에 그치면서 금융·보험사는 여전히 의결권을 행사하고 있다. 의결권 제한 규정을 강화했지만 실효성은 크지 않았다.

> **▶ 용어 해설: 금산분리**
>
> 금산분리는 금융과 산업의 분리를 뜻한다. 법적으로는 금융자본과 산업자본이 상대 업종을 소유·지배하는 것을 금지하는 규제다. 1995년 은행법에 은행자본과 산업자본을 분리하는 은산분리를 규정하면서 도입되었다.
>
> 한국에서 금산분리는 재벌 기업이 금융사를 소유하면, 재벌 기업의 부실이 금융 회사로 전이되어 금융사에 돈을 맡긴 예금주에게 큰 피해를 주고, 다른 기업은 자본 조달을 할 때 불리하며, 금융사가 재벌의 사금고가 되어 고객 돈으로 재벌 계열사를 지원하거나 계열사를 늘려 경제력 집중을 심화할 수 있다는 우려에서 비롯되었다. 금융업은 자기자본 비율이 낮고 대부분 고객과 채권자의 자금으로 운영되기 때문이다. 금산분리는 쉽게 말해 증권·보험사에 고객이 맡긴 돈을 기업 오너가 자기 돈처럼 쓰지 말라는 요구이다.
>
> 우리나라는 금융과 산업을 완전히 분리하지 않는다. 산업자본인 대기업집단은 은행을 소유할 수 없지만 증권사, 자산운용사, 생명보험사, 화재보험사, 카드사는 지배, 소유할 수 있다.

금산분리는 금산법, 은행업법, 금융지주회사법, 보험업법 등에서 개별적으로 시행하고 있다. 은행업법은 산업자본이 은행 주식을 4% 이상 보유하지 못하도록 하고 금융지주회사법은 은행지주회사의 주주 지분율을 최대 10%(지방은행지주는 15%)로 제한한다. 보험업법은 보험사가 다른 회사 주식을 15% 이상 보유하지 못하도록 한다. 공정거래법은 지주회사는 금융회사를 자회사로 둘 수 없고, 금융 지주회사는 일반 회사를 자회사로 둘 수 없게 했다. 금융지주회사법은 금융지주회사는 일반 기업의 의결권 있는 지분을 최대 5%까지, 은행과 보험사는 15%까지만 취득할 수 있게 제한한다.[61]

은산분리는 은행자본과 산업자본의 분리이다. 금융 분야 중에서 은행업을 골라내 산업자본과 분리하는 규제다.

최근 산업 간 경계가 모호해지고 금융과 디지털 기술이 융합하면서 금산분리가 자본의 효율적 사용을 방해한다며 완화해야 한다는 주장이 나오고 있다.

금융사는 자신이 보유한 소비자 데이터를 비금융 영역에서 활용하여 새로운 맞춤형 서비스를 제공하고자 한다. 빅테크나 핀테크 기업은 금융사를 자회사로 둘 수 없어 빅데이터와 플랫폼, 인공지능 등을 활용한 혁신적 금융 서비스를 제공하는 데 제약이 있다.

---

61) 안재욱, "금산분리 규제 완화가 필요한 진정한 이유" 요약 정리, 미래한국, 2025.4.16

12.
하위 규정으로
금융그룹 통합 감독 실효성 약화

금융그룹 통합 감독 시스템은 금융지주그룹 전체의 건전성을 높이고, 비지주형 금융그룹과 삼성·한화 등 금융 계열사를 둔 기업집단 금융그룹의 건전성을 통합적으로 감독하는 제도다.

우리나라 금융 기업은 상당수가 기업집단이 되었지만 개별 회사별로, 은행·보험·금융투자업 등 업권별로 나누어 감시, 감독을 받으면서 금융그룹별 통합 감독이 이루어지지 않았다.

금융그룹은 금융지주회사 그룹과 모자형 금융그룹, 기업집단 금융그룹 등 세 가지로 구분한다. 모자형 금융그룹과 기업집단 금융그룹은 계열사들이 밀접하게 연결되어 있지만 그룹 단위로 위험을 평가, 관리하지 못했다. 은행, 보험, 증권 등 이종 업종을 영위하는 금융그룹은 업권별로 감독하면서 위험을 통합적으로 관리하기 어려워 자칫하면 부실로 이어질 수 있었다.

2011년 일어난 저축은행 사태와 2013년 ㈜동양을 지원하기 위해 동양그룹 금융 계열사를 동원하여 동반 부실로 이어진 '동양 사태'를 통해, 통합 감독을 도입하고 금산 분리를 강화해야 한다는 여론이 일었다. 당시 동양그룹은 금융 계열사를 통해 부실 우려가 큰 계열사 회사채를 판매했다. 이때 투자자가 입은 손실액은 1조 3,000억 원이나 되었다.

국제통화기금(IMF)도 2014년에 우리나라 금융감독 체계가 비금융 계열사가 있는 금융그룹을 효율적으로 감독하지 못한다고 지적했다.

문재인 정부는 2017년 7월, '100대 국정 과제'와 '국정 운영 5개년 계획'을 발표하며 금융그룹 통합 감독을 시행하겠다고 공표했다. 통합 감독 시스템을 만들어 효과적으로 금융 회사 위험을 관리하고 시스템 리스크를 예방하겠다고 밝혔다.

금융 지주회사가 아니지만 금융 계열사가 두 곳 이상인 금융전업그룹과 금융 계열사와 산업 계열사를 모두 거느린 금산복합그룹을 더 강하게 감시, 감독하는 게 금융그룹 통합 감독의 핵심 목적이다.

문재인 정부는 법제화를 전제로 2018년 7월부터 〈금융그룹 감독에 관한 모범 규준〉을 시행하여 금융그룹 감독 제도를 시범 운영했다.

그룹 소속 금융사가 금융업을 2개 이상 영위하고 자산총액 5조 원 이상인 금융복합그룹 중에 감독 실익이 있는 삼성, 한화, 교보, 미래에셋, 현대차, DB, 롯데 등 7개 금융그룹을 지정했다. 7개 금융그룹은 법 제정 전까지 그룹 내부 통제와 위험 관리 체계를 구축하고, 그룹 소속 금융 회사 사이에 자본 중복 이용, 내부거래, 위험 집중에 따른 손실 가능성을 고려하여 금융그룹 차원에서 자본 적정성을 점검받도록 했다.

시범 운영을 통해 문제점을 보완한 후 문재인 정부는 2020년 '금융복합기업집단의 감독에 관한 법률'을 제정하고 2021년 6월부터 시행했다.

법 제정을 통하여 개별 금융사 차원을 넘어 집단 차원 위험을 체계적으로 관리하고 집단 내 위험 전이와 동반 부실 위험을 방지하며, 금융 시장의 시스템 리스크를 선제적으로 관리하여 금융 소비자를 보호하려고 했다.

법 적용 대상은 자산총액이 5조 원 이상이고, 여수신업, 금투업, 보험업 등 2개 이상 업을 영위하는 금융복합기업집단이다. 적용 대상은 매년 7월 말에 금융위원회가 지정한다. 2020년 말 기준으로는 교보, 미래에셋, 삼성, 한화, 현대차, DB가 대상이었다. 2024년은 삼성, 한화, 미래에셋, 교보, 현대차, DB, 다우키움이 지정되었다.

금융복합기업집단으로 지정되면 먼저 내부 통제와 위험 관리에 관한 정책과 기준을 마련하고 지켜야 한다. 재무 건전성 확보를 위해 자본적정성 비율은 100% 이상으로 유지해야 한다. 자본적정성 비율은 통합자기자본을 통합필요자본으로 나눈 값이다.

$$\text{자본적정성 비율} = \frac{\text{통합자기자본(자기자본합계액 - 중복자본)}}{\text{통합필요자본(최소요구자본합계액 + 위험가산자본)}} \geq 100\%$$

실제 손실 흡수 능력인 통합자기자본은 자기자본합계액에서 중복 자본을 뺀 자본이다. 집단 수준의 추가 위험을 고려한 최소 자본 기준인 통합필요자본은 최소요구자본합계액에 위험가산자본을 더한 자본이다.

위험가산자본은 계열사의 재무·비재무 위험 30%, 지배 구조와 내부거래 등 상호 연계성 50%, 내부 통제·위험 관리 20% 등 정량적, 정성적 위험 요소를 반영하여 평가한다.

삼성전자와 삼성생명처럼 금융·비금융 계열사 간 지분 관계가 얽혀 있다면 상호 연계성이 크다고 평가한다. 계열사 대주주나 대표이사가 금융 관련법 위반으로 처벌받으면 계열사 위험 중에 비재무적 위험이 있다고 평가한다. 재벌 산하 금융 계열사가 긴장하지 않을 수 없는 대목이다.

50억 원 이상의 내부거래는 소속 금융회사 이사회 승인을 받도록 하여 내부거래가 금융집단 건전성에 미치는 영향을 면밀히 살피도록 했다.

금융소비자 보호를 위해 금융복합기업집단이 소유 지배 구조, 내부 통제와 위험 관리, 자본적정성, 내부거래와 위험 집중 등은 보고, 공시하도록 했다.

감독 당국은 3년마다 금융복합기업집단의 위험 현황과 관리 실태를 평가하도록 했다. 자본적정성 비율이 100% 미만이거나 위험관리실태 평가 결과가 4등급 이하는 재무 건전성을 높일 수 있는 방안을 담은 경영 개선 계획서를 제출하도록 했다. 재무 건전성이 현저하게 떨어지면 개별 업권법에 따라 적기 시정 조치를 할 수 있도록 했다.

〈금융복합기업집단의 감독에 관한 법률 주요 내용〉

구분	내용
적용 대상	자산총액 5조 원 이상이고, 2개 이상 업을 영위하는 금융복합기업집단
내부 통제, 위험 관리	내부 통제, 위험 관리 정책과 기준 마련, 준수
자본적정성 유지	1) 자본 중복 이용을 고려한 실제 손실 흡수 능력(통합자기자본)이 집단 수준의 추가 위험을 고려한 최소 자본 기준(통합필요자본) 이상 유지 2) 당국이 매년 집단 차원의 추가 위험을 평가. 결과에 따라 위험가산자본을 통합필요자본에 가산
내부 거래 관리, 공시 등	1) 50억 원 이상 내부거래는 소속 금융회사 이사회 승인 받아야 2) 소유 지배 구조, 내부 통제와 위험 관리, 자본 적정성, 내부거래와 위험 집중 등 공시
위험 관리 실태 평가	감독 당국은 금융복합기업집단의 위험 관리 실태를 3년마다 평가
경영 개선 계획서 제출, 이행	1) 자본적정성 비율 100% 미만, 위험 관리 실태 평가 4등급 이하 시 경영 개선 계획서 제출 2) 재무 건전성 현저하게 약화 시, 개별 업권법에 따른 적기 시정 조치

여러 가지 규정을 두었지만 실효성은 없었다. 자본적정성에 관한 구체적인 점검·평가 기준 등을 하위 규정에 대폭 위임하여 시행령이나 감독 규정으로, 자본적정성 규제를 약화할 수 있는 여지를 허

용했기 때문이다.

　문재인 정부는 금융복합기업집단법을 도입하여 공약을 지켰지만 자본적정성에 관한 구체적인 점검·평가 기준을 시행령이나 감독 규정으로 위임하여, 금융그룹 통합 감독의 실효성을 떨어뜨렸다.

5장

윤석열 정부 재벌 정책

01.
문재인 정부 실패 원인과 윤석열 정부 정책 기조

문재인 정부에서도 경제력 집중 심화

 2016년 박근혜 정부는 뇌물수수·국고손실·직권 남용·공천개입 등 국정을 농단했다. 분노한 시민은 촛불을 들고 광장으로 쏟아져 나왔다. 촛불 시민 혁명으로 2017년 5월, 문재인 정부가 탄생했다. 법 절차에 따라 평화적으로 정권을 교체했다며 전 세계인은 한국의 성숙한 민주주의를 칭송했다.

 국민은 문재인 정부가 정의롭고 공정하며, 국민이 고루 잘 사는 나라를 만들어 줄 거라 기대했다. 기대감은 지지율로 나타났다. 문 정부 출범 직후인 2017년 6월 첫째 주 지지율은 84%를 기록했다.

 불과 5년 후 국민은 특수부 검사 출신 윤석열을 대통령으로 선택했다. 박근혜 대통령을 비롯하여 재벌 총수, 고위 공직자까지, 비리를 저지른 거악을 단죄한 그에게 기대를 걸었다. 경제에 무지했지만 기성 정치인보다 나을 것이라고 믿고 정치 신인에게 국정을 맡겼다.

문재인 정부가 재집권에 실패한 이유는 무엇이었을까? 여러 가지를 댈 수 있다. 경제 분야로 좁히면 성장과 분배가 모두 실패하면서 국민 살림살이가 조금도 나아지지 않았기 때문이다.

문재인 정부는 공정과 성장이라는 두 마리 토끼를 잡겠다며 기업 지배 구조 개선과 소득 주도 혁신 성장을 내세웠다. 구호는 거창하고 이상적이었지만 공정도 성장도 실현하지 못했다.

박근혜 정부처럼 규제 혁파와 감세를 내세우지 않았지만 신자유주의 이데올로기에 끌려다녔다. 경제 관료가 내세운 보수적 재정 운용에 말려들어 복지를 충분히 확충하지 못했다. 취업은 여전히 어려웠고 부동산은 폭등했다.

2017년 11월 중소벤처기업부 출범식에서, 문재인 대통령은 "사람 중심 경제의 양 날개인 소득 주도 성장과 혁신 성장 모두 중소기업의 활성화를 통해서만 이뤄낼 수 있다"며 "정부는 중소기업을 우리 경제의 중심에 두겠다"고 공언했지만 대기업과 중소기업 간 임금 격차는 여전했고 중소기업 취업자 수는 줄었다. 노동시간 유연화 정책으로 장시간 노동은 여전했다.

재벌 개혁도 실패했다. 문재인 정부 들어서도 재벌의 경제력 집중은 심화되었다. 10대 기업 매출액은 2019년 1,070조 원에서 2021년 1,209조 원으로 증가하여 국내총생산(GDP) 비중이 55.6%에서 58.3%로 커졌다. 문재인 정부 5년 동안 서민 살림살이는 나빠졌으면 나빠졌지, 나아진 게 없었다.

경제 운용 4대 기조로 자유, 공정, 혁신, 연대 제시

국민은 삼성 이재용 회장을 감옥에 보낸 재계의 저승사자 윤석열에 기대를 걸었다. 그는 2016년 11월에서 2017년 3월까지 '박근혜·최순실 국정농단 특검팀'에서 수사팀장으로 참여하여, 박근혜 대통령에게 삼성 경영권을 원활하게 승계할 수 있게 도와 달라며 거액을 건넨 이재용을 구속한 날 선 칼이었다.

2022년 6월, 윤석열 정부는 '새 정부 경제 정책 방향'을 선포하면서 경제 운용 4대 기조로 자유, 공정, 혁신, 연대를 제시했다. 경제 정책 기본 방향으로 '민간 중심 역동 경제'와 '체질 개선 도약 경제', '미래 대비 선도 경제', '함께 가는 행복 경제'를 표방했다.

경제 운용 기조는 정부 중심에서 민간·기업·시장 중심으로 전환하겠다고 선언했다. 민간의 자유와 창의를 제약하는 규제를 완화하고, 과도한 시장 개입을 지양하여 정부 본연의 역할에 충실하겠다고 약속했다. 불공정 행위는 관리, 감독을 강화하고, 위반 시 법에 따라 엄단하여 경제·사회 전반에 공정한 기회를 보장하고, 취약 계층 중심의 생산적 맞춤 복지를 구현하겠다고 공언했다.

<윤석열 정부 4대 경제 운용 기조>

기조	내용
자유	- 경제 운용을 정부에서 민간·기업·시장 중심으로 전환 - 민간의 자유·창의를 제약하는 각종 규제 완화 - 정부는 과도한 시장 개입을 지양하고 본연의 역할에 충실
공정	- 불공정행위 관리·감독을 강화하고, 위반 시 법에 따라 엄단 - 경제·사회 전반의 공정한 기회 보장
혁신	- 과학기술 기반의 첨단 산업 초격차 확보와 전략 산업 육성 - 신산업·신기술 발전을 선도할 혁신 인재 양성 - 성장 경로 업그레이드를 위한 전방위적 체질 개선
연대	- 취약 계층 중심의 생산적 맞춤 복지 구현 - 국익 실용 관점에서 경제, 안보 등 국제 사회와 연대 강화

 윤석열 정부의 경제 정책은 문재인 정부에 대한 전반적인 반작용에 가깝다. 문재인 정부가 변죽만 울린 재벌 개혁 정책을 폐기하고 시장 경제와 민간 주도 성장을 내세우며 재벌과 대기업에 의존하는 경제 활성화 정책을 펼쳤다. 경기 활성화 효과가 빨리 나오는 대기업 규제 완화나 연구개발(R&D) 지원 등을 통한 투자 촉진에만 힘을 쏟았다.
 윤석열 정부는 경제 운용 기조를 자유, 공정, 혁신, 연대로 포장했지만 내용물은 달랐다. 재벌에게 특혜를 주고 부자에게는 세금을 깎아주었다. 양극화는 심화되었다. 공정은 사라졌고 혁신은 피어나지 않았다. 생산적인 맞춤 복지는 시도조차 하지 않았다.

02.
동일인 친족 범위 완화로 총수 혜택

2022년 12월, 윤석열 정부는 공정거래법 시행령을 개정하여, 대기업 총수(동일인)의 친족 범위를 혈족 6촌과 인척 4촌에서 혈족 4촌과 인척 3촌 이내로 축소했다. 국민 인식에 비해 친족 범위가 넓고, 핵가족 보편화와 호주제 폐지 등으로 친족을 모두 파악하는 게 쉽지 않다는 이유를 들었다.

동일인은 자연인 또는 법인인 주주 1인을 의미한다. 공정거래법에 별도로 정의 규정을 두고 있지 않으나, 기업집단을 사실상 지배하는 자연인이나 법인을 가리킨다.

공정거래위원회는 매년 상호출자제한기업집단을 지정할 때 기업집단의 소유 지배 구조 등을 종합적으로 고려하여 동일인을 정한다. 동일인 규정은 1986년 동일인 지정 제도를 통해 도입했다. 전 세계적으로 한국에만 존재한다. 재벌 그룹의 문어발식 사업 확장과 경제력 집중을 막기 위해 도입했다. 우리나라 재벌 기업은 대부분 총수라 부르는 자연인이 동일인이다.

동일인은 기업집단 성립의 기준점이다. 어떤 재벌 그룹의 동일인을 '회장'으로 정하면 회장과의 관계를 중심으로 계열사를 특정한다. 기업집단 최상단에 있는 회사가 동일인이 되기도 한다. 주인 없는 기업이라 부르는 케이티(KT)그룹이 대표적이다. 케이티그룹은 지배구조에서 최상단에 있는 ㈜케이티가 동일인이다.

동일인 지정은 사익 편취 규제, 공시 의무, 출자 규제 등 기업집단 정책의 적용 범위를 정하는 데 중요하다. 공정거래법은 동일인과 동일인 관련자 등 특수관계인 제도를 통해 기업집단 규제의 범위를 확정한다. 동일인의 친족 범위 축소는 대기업집단 정책이 적용되는 기업집단이 적어진다는 것을 의미한다.

공정거래법 시행령 개정에 따라, 2022년 5월을 기준으로 동일인이 있는 66개 대기업집단의 친족은 1만 26명에서 5,059명으로 절반 가까이 줄었다. 총수 일가 4,967명이 규제에서 벗어났다.

혈족 5촌과 6촌, 인척 4촌이 지배하는 회사는 계열사에서 제외되었다. 지분 조정을 통해 기업집단 계열사로 지정되지 않을 수 있게 되었다. 부당한 이익 제공 제한 등 각종 규제를 피할 수 있어 사익 편취를 확대하고 경제력을 집중할 수 있게 되었다.

재벌 총수 일가는 혈족 5~6촌이나 인척 4촌과 잘 알고 지내는 경우가 많다. 사익 편취 규제에서 벗어나기 위해 총수 일가 지분을 떨어뜨릴 때 이들을 활용하기도 한다. 실제로 SK와 LG는 사익 편취 규제를 회피하기 위해 친족을 활용했다.

4대 경제 운용 기조의 하나로 공정을 내세운 윤석열 정부는 동일인 친족 범위를 완화하여 공정을 훼손했다. 자기모순이고 양두구육 같은 위선이 아닐 수 없다.

03.
가업상속공제 완화로
기득권 세습

윤석열 정부는 가업상속공제와 일감 몰아주기 증여세 완화로 부자 감세를 단행했다. 여기에는 야당도 가세했다.

2022년 12월, 국회는 여야 합의로 가업상속공제 혜택 확대 등을 골자로 한 상속세법 개정안을 의결했다. 개정안으로 가업상속공제 대상 기준이 기존 연 매출액 '4천억 원 미만'에서 '5천억 원 미만'으로 높아졌다. 최대 공제 한도는 500억 원에서 600억 원으로 올랐다.

가업상속공제는 상속인이 가업을 승계하는 경우, 가업에 직접 사용되는 사업용 자산 등의 가액만큼 과세표준에서 차감하여 상속세를 줄여주는 제도다. 상속인이 과도한 상속세 부담으로 피상속인이 영위하던 기업을 포기하지 않도록 하여, 경제 근간인 중소기업을 유지하고, 고용 감소를 막으려는 목적으로 도입했다. 독일, 일본, 영국 등에서도 시행하고 있다.

윤석열 정부는 가업상속공제 대상 기업 기준을 개정 전 4천억 원 미만에서 1조 원 미만까지 확대하려고 했다. 민주당이 부의 대물림이라고 반대하자 그 절반인 5천억 원 미만으로 조정했다. 최대 공제 한도도 윤석열 정부는 500억 원에서 1천억 원으로 올리려 했으나 야당 반대로 600억 원으로 타협했다.

가업상속공제는 가업을 유지하려는 명문 장수 중소기업의 상속세 부담을 덜어주자는 게 근본 취지이다. 연 매출액이 5,000억 원 가까운 중견기업까지 확대하면서 기업상속공제는 중견기업 소유주가 합법적으로 상속세를 면탈하고 기득권을 세습하는 수단으로 악용되었다.

04.
일감 몰아주기 증여의제 폐지로 부 대물림

2023년 2월, 윤석열 정부는 '상속세 및 증여세법 시행령'을 개정하여 재벌 기업이 특수관계인과 수출 목적으로 수행한 국내외 거래에 대해 일감 몰아주기 증여의제 적용을 폐지했다.

시행령 개정으로 재벌 기업은 해외 자회사로 일감을 몰아주고 이익을 유보한 후 국내 모회사로 배당을 통해 재반입하면 세금을 내지 않게 되었다. 총수 일가는 사익 편취와 부의 대물림이 한결 쉬워졌다.

지배 주주와 그 친족의 변칙 증여를 막기 위해, 특수관계 법인이 수혜 법인에 일감을 몰아주면, 상속세 및 증여세법 제45조의3에 따라 수혜 법인의 지배 주주가 얻은 이익을 증여로 간주해 증여세를 부과한다. 이를 일감 몰아주기 증여의제 과세라고 한다.

▶ 특수관계 법인이 수혜 법인에 일감을 몰아주면, 수혜 법인의 지배 주주가 얻은 이익을 증여로 간주하여 증여세를 부과한다.

증여의제 과세는 법적으로는 증여가 아니지만 경제적으로는 증여와 효과가 같아, 증여로 간주하여 세금을 매기는 제도다.

특수관계인끼리 재산을 시가의 70% 이하나 130% 이상 가격으로 사고팔면 증여로 간주하여 과세한다. 특수관계인이 빚을 면제 받거나, 다른 사람 빚을 대신 갚아주거나, 보험료를 내지 않은 사람이 보험금을 타거나, 기업의 합병·증자·감자 등으로 주주가 이익을 봐도 증여의제로 과세한다. 실질적으로 증여이기 때문이다.

그동안 재계는 수출을 활성화해야 한다며, 수출 목적으로 수행한 일감 몰아주기 거래는 증여의제를 적용하지 말라고 요구했다.

문재인 정부는 일감 몰아주기 과세가 껍데기만 남을 수 있다면 허

62) 국세청

용하지 않았다. 법인이 낸 영업이익은 여러 사업 부문의 경영 활동을 복합적으로 집약한 결과이며, 일감 몰아주기 과세는 법인 전체 단위로 계산하는 것이 타당하다고 보았기 때문이다.

게다가 수출 목적 거래의 국내 거래분에 증여의제를 적용하지 않으면, 대기업 총수 자녀가 지배하는 특수관계사에 납품을 몰아주는 행위 등에 부과하는, 일감 몰아주기 과세 제도가 허울만 남을 수 있고, 대기업이 거래처를 중소·중견기업에서 총수 자녀 회사로 바꿀 수 있는 욕구가 강해진다고 보았다.

국세청에 따르면, 2021년 기준으로 공시대상기업집단의 부가가치세 매출 신고 합계액은 1,892조 원이었다. 이 중에서 영세율 적용 매출액은 963조 원이었다. 이를 근거로 추산하면 대기업집단 매출의 약 51%는 수출과 관련이 있다.

윤석열 정부 들어서, 수출 목적 국내 거래를 기업 규모와 상관없이 과세 대상 거래에서 제외하면서 대기업의 수출 목적 국내 거래도 과세 대상에서 빠졌다.

대기업일수록 수출 비중이 높다는 점을 고려할 때 증여의제 과세에서 수출용 내부거래를 전부 제외하면 제도 자체가 유명무실화할 수 있다.

실제로 현대차 그룹의 자회사인 현대모비스의 거래 물품 대부분은 수출용이라서 일감 몰아주기로 과세할 이익 대부분은 면세 혜택을 받는다.

05.
재벌 사면 남발로 부패 조장

기업 범죄 조장하고 경제 정의 훼손하는 총수 사면

윤석열 대통령은 취임 첫해인 2022년 8월, 경제 위기 극복을 이유로 국정농단 사건에서 뇌물공여로 구속되었던 이재용 삼성전자 회장과 신동빈 롯데그룹 회장을 특별사면했다. 불법 도박과 직권 남용 등으로 실형을 선고받은 장세주 동국제강 회장과 수백억 원대 횡령·배임과 회계 부정으로 유죄 판결을 받은 강덕수 전 STX 회장도 특별사면했다.

당시 한동훈 법무부 장관은 "범국가적 경제 위기 극복이 절실한 상황인 점을 고려하여 적극적인 투자와 고용 창출로 국가의 성장 동력을 주도하는 주요 경제인을 엄선하여 사면했다"고 밝혔다.

2023년 8월에는 횡령, 배임 등 경제 범죄를 저지른 이중근 전 부영 회장, 박찬구 금호석유화학 명예회장, 이호진 태광 전 회장 등을 사면했다. 당시 한덕수 총리는 '어려운 대내외 여건에서 경제에 활력을 불어넣고, 서민과 사회 약자의 재기를 도모하기 위해서'라고 사면 취지를 밝혔다. 재벌 총수를 풀어주면서 서민과 사회 약자의 재기를 구실로 삼았다.

2022년 광복절 특사를 단행한 윤 대통령과 이를 발표한 한동훈 법무부 장관은 2016~2017년 국정농단 사건 특검팀에서 수사팀장과 검사로, 이재용과 신동빈을 직접 수사하여 유죄를 이끌어 낸 주역이다.

정치적 정당성도 없고 경제 활성화 효과도 불분명한 특별사면을 남발하면서, 막강한 재벌 권력을 구속하면서 쌓은 윤석열 대통령의 정치적 자산은 사라졌다.

윤석열은 재벌 총수 사면으로 자신의 검사 시절 결정을 뒤집었다. 사실상 재벌 편에서 국정을 운영하겠다는 입장을 천명했다. 역대 정권이 재벌 총수 범죄 사건에서 보여준 솜방망이 처벌 후 사면 남발이라는 공식에서 한 치도 벗어나지 않았다.

대통령 사면권은 헌법이 부여한 대통령의 고유 권한이다. 사면은 범죄 행위에 대한 사법부 판단과 처벌을 사후적으로 뒤집어 범죄를 없는 것으로 만들어 준다. 국민이 동의할 수 있는 사유가 있어도 최소한도로 행사해야 한다. 사면받은 재벌 총수는 죄를 깊이 뉘우치는 모습도, 앞으로 법을 잘 지키겠다는 의지도 보여주지 않았다. 더더구나 총수를 사면·복권하면 기업이 살아나고 경제가 성장한다는 보장은 없다.

윤석열 정부는 노동자가 파업하면 법과 원칙을 내세워 엄벌하면서 재벌 총수에게는 있는 죄도 없는 것으로 만들어 주었다. 재벌 총수는 사적 이익을 위해 중대한 범죄를 저질러도 제대로 처벌받지 않는다는 실상을 다시 한번 확인시켜 주었다.

알베르 카뮈(Albert Camus)는 "어제의 범죄를 벌하지 않으면 내일의 범죄에 용기를 준다"고 간파했다.

재벌 총수 사면은 기업 범죄를 조장하고 경제 정의를 해친다. 자유시장 경제 질서와 법치주의를 훼손하여 경제를 더욱 어렵게 만든다.

우리나라에서 법은 공정한 경제 원칙을 정립하고 정의를 바로 세우는 규범이 아니다. 법은 강자 이익을 지키고 그들이 저지른 죄에 면죄부를 준다. 정의가 힘이 아니라 힘이 정의인 사회를 지속하는 강제력이다.

부패 감소하면 일자리 증가

2017년 12월 국민권익위원회가 공개한 〈부패와 경제성장의 상관관계 연구〉에 따르면, 우리나라는 부패인식지수(CPI)가 10점 오르면 1인당 GDP 성장률은 0.52~0.53%포인트 증가한다. 15점 오르면 0.77~0.78%포인트 증가한다. 국제투명성기구에서 발표하는 부패인식지수는 0~100점의 값을 가지며 이 값이 클수록 부패가 적고 청렴하다. 2016년을 기준으로 우리나라는 53점이다. OECD 평균은 68

점이다.

⟨CPI 15점 증가 시 한국 1인당 GDP 추계⟩ (단위: USD)

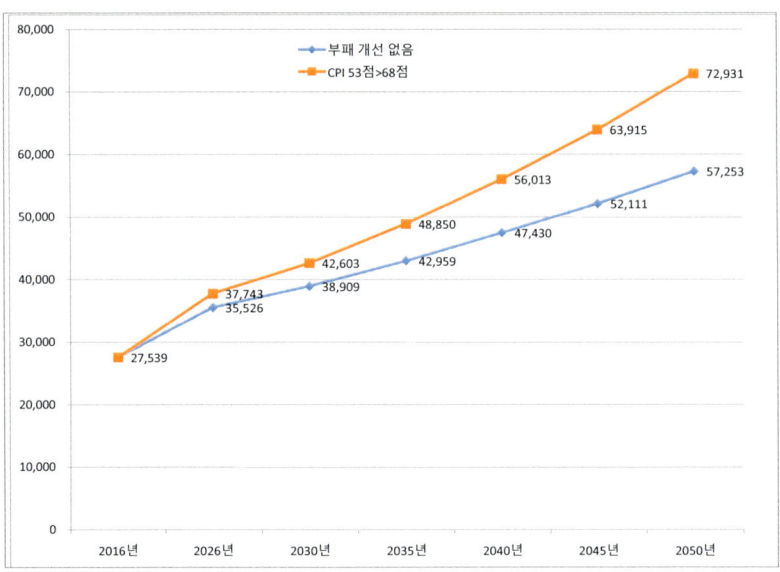

부패가 줄어들면 일자리도 늘어난다. 부패인식지수가 10점 증가할 경우, 일자리는 2030년까지 매년 2만 7,000개에서 5만 개 증가한다. 부패인식지수가 15점 증가할 경우 매년 3만 9,000개에서 7만 6,000개 증가한다.[63]

부패는 공적 부문의 효율성을 떨어뜨린다. 정부의 정책 입안이나

---

63) 김병연·이종민·김다울, ⟨부패와 경제성장의 상관관계 연구⟩, 국민권익위원회, 2017. 12.29

실행 과정에서, 뇌물이나 횡령 등은 공공 부문이 분배하는 자원을 생산성이 낮은 경제 주체에게 흘러가게 한다. 공공조달 계약을 할 때 뇌물을 받을 수 있다면, 담당자는 기업의 생산성보다 뇌물 공여 능력을 더 중요한 기준으로 삼을 것이다. 생산성이 낮은 주체가 뇌물로 공공 부문의 투자를 받으면 공공 투자 효율성은 떨어진다.

부패는 정상적인 기업 활동을 위축시키며 신규 기업의 진입을 방해하여 국민 경제 생산성을 떨어뜨린다. 청탁, 뇌물수수, 배임 등이 횡행하면 정치권과 결탁한 기업의 기득권이 공고해진다. 정책 과정의 불투명성이 증가하고 정보 비대칭성이 심해진다. 기업은 기술 개발이나 혁신보다는 정치권과 관료를 매수하는 데 더 많은 자원을 투입할 수 있다.

부패는 혁신을 주도할 수 있는 신생 기업에 진입 장벽이 될 수 있다. 부패가 만연하면 자원 배분이 왜곡되고 혁신 가능성이 감소하여 생산성이 낮아진다. 부패가 유발하는 정책적 불확실성은 해외 투자자에게 더 불리하다. 외국 자본은 국내 투자를 포기할 수 있어 경제 성장 동력이 약해진다. 부패가 심해지면 국민은 경제를 성장시키는 기업가가 되기보다는 관료가 되어 사익을 도모하므로 국가 경제는 활력을 잃는다.

부패는 사회 구성원 간의 신뢰를 떨어뜨려 커다란 사회적 비용을 야기한다. 부패는 분노와 불신을 낳는다. 신뢰할 수 없으면 거래를 기피하게 된다. 자발적 거래를 통해 효율성을 달성하는 시장 기능이 작동하지 않게 된다.

기업과 정부에 대한 신뢰 악화는 악영향이 크다. 기업 불신은 반기업 정서를 조장하고 기업과 소비자, 기업과 노동자 사이에 마찰을 일으킨다. 정부 불신은 공공재, 공공서비스에 대한 수용성 저하로 나타나 교육, 치안, 의료 등에 대해 사적 부담을 증가시킬 수 있다.[64]

---

64) 김병연·이종민·김다울, 〈부패와 경제성장의 상관관계 연구〉, 국민권익위원회, 2017.12.29

06.
기업 자율에 맡긴 코리아 밸류업

2024년 2월, 윤석열 정부는 〈기업 밸류업 지원 방안〉을 발표하며 코리아 밸류업(기업 가치 제고) 프로그램을 추진한다고 밝혔다.

코리아 밸류업 프로그램은 코리아 디스카운트를 해소하여, 증시를 활성화하고 기업 가치를 높이려는 자본 시장 정책이다.

미국의 경제 전문 미디어 블룸버그가 2014년부터 2023년까지 주요 국가 상장사 10년 평균 PBR을 집계한 결과, 미국이 3.64로 가장 높았다. 이어서 인도 3.32, 대만 2.07, 영국 1.71, 중국 1.50, 일본 1.40, 한국 1.04 순이었다.

윤석열 정부는 주요 국가 중에 가장 낮은 PBR 등 코리아 디스카운트는 기업이 효과적으로 자본을 활용하지 못하는 것이 주원인이라고 보았다. 주식 시장이 양적 성장에 걸맞은 평가를 받으려면, 자본을 효율적으로 활용하기 위해 기업이 노력해야 한다고 진단했다.

이에 따라 세제 지원 등 인센티브를 제공하여 상장 기업이 가치 제고 계획을 자율적으로 수립, 이행하게 하고, 투자자를 위해 코리아 밸류업 지수와 ETF를 개발하며, 스튜어드십 코드를 반영하고, 투자 지표를 비교, 공표하겠다고 발표했다.

윤석열 정부는 밸류업 프로그램을 대대적으로 시행했지만, 1년 2개월이 지난 2025년 4월 현재, 코스피 상장사 10개사 중에 7개사가 자산 가치에도 못 미치는 등 저평가 기업은 오히려 늘어났다.

한국거래소에 따르면, 2025년 4월 8일을 기준으로 PBR이 1배 미만인 코스피 상장사는 총 580개이다. 전체 코스피 상장사 중에 PBR을 집계한 812개 기업의 71%에 해당한다.[65]

24년 2월, 정부는 밸류업 프로그램을 시행할 때 국내 증시에 만연한 낮은 PBR 현상이 개선될 거라고 기대했다. 실제로는 낮은 PBR 종목은 증가했다. 2023년 말을 기준으로 PBR이 1배 미만인 기업은 527개였지만, 2024년 말에는 588개로 61개나 증가했다.

밸류업 프로그램 효과가 나타나지 않으면서 상장사의 밸류업 계획 공시도 시들해졌다. 2025년 코스피 종목 밸류업 공시는 28건에 그쳤다. 2025년 4월에는 단 한 건도 없었다.[66]

한국거래소에 따르면, 우리나라 국민 570만 명이 주식을 소유한 삼성전자의 PBR은 2023년을 기준으로 연간 1.51배였지만, 2024년은 0.92배로 낮아졌다. 2025년 4월 7일을 기준으로 코스피 PBR은 5년

---

65) 박정호, "시들해진 밸류업, 낮아지는 PBR", 이투데이, 2025.4.9
66) 위와 상동

내 최저치인 0.81배까지 떨어졌다.

메리츠 리서치에 따르면, 밸류업 프로그램을 시작한 2024년 3월 기준으로, 전체 코스피 상장사의 69%는 PBR이 1배 미만이었다. 2025년 3월에는 73%로 오히려 비중이 증가했다.[67]

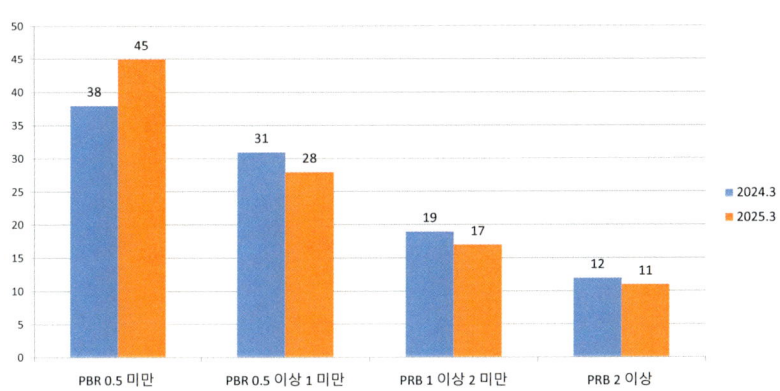

▶ 밸류업 시행 후, PBR 1배 미만 기업 비중은 69%에서 73%로 오히려 늘었다.

2024년 2월, 중앙일보가 강성진 고대 교수, 김학균 신영증권 상무 등 학계와 국내외 기관 투자자 20명을 대상으로 설문 조사한 결과, 코리아 디스카운트의 가장 큰 원인은 후진적인 기업 지배 구조로 나타났다.

응답자 20명 중 12명은 한국 증시는 40% 이상 디스카운트되었다

---

67) 메리츠리서치, 'K-밸류업, RE:BOOTing', 2025.4.3

고 답했다. 50%나 저평가되었다고 밝힌 전문가는 5명이었다. 40% 디스카운트가 사라진다면 코스피 지수는 3000선을 가볍게 넘어 4000선에 근접한다.

2024년 5월, 한국경제학회 패널위원 94명 중의 27명이 참여한 설문조사에 따르면, 패널위원의 44%는 코리아 디스카운트의 주 원인이 열악한 기업지배구조라고 답했다. 이어서 상장 기업의 낮은 수익성·성장성(30%), 낮은 주주환원(22%) 순이었다.

패널위원의 37%는 지배구조를 개선하기 위해서, 상법을 개정하여 이사의 충실 의무에 주주에 대한 충실 의무를 추가해야 한다고 답변했다. 이어서 모자회사 중복상장 금지(22%), 경영 승계 프로그램 체계화(15%) 순이었다. 비상장 계열회사의 높은 거래 비중 억제와 거수기 사외이사 문제 해결도 각 7%를 기록했다. 대주주 경영권 보호 강화는 코리아 디스카운트 해소에 도움이 되지 않는다는 응답이 59%를 차지했다.

한국경제학회의 김우찬 고려대 교수는 "주주를 위한다면 수익성을 높여야 하고, 마땅한 투자 계획이 없으면 주주환원을 해야 한다"고 주장했다.[68]

2025년 3월, 메리츠 리서치는 〈K-밸류업 RE: BOOTING〉 보고서에서, "저평가 핵심은 낮은 PBR, 불투명한 지배 구조, 단발성에 그치는 주주환원 정책이다. 단기 이벤트로는 바뀌지 않는다"고 지적하

---

68) 한상헌, "K디스카운트 원인은 기업지배구조", 매일경제, 2024.5.30

고 "밸류업은 자사주 매입이나 배당 확대만으로 달성할 수 없다. 법제도 개선, 지배 구조 투명성, 지속가능한 수익성을 함께 추진해야 코리아 디스카운트를 해소하고, 모건스탠리캐피털인터내셔널(MSCI) 선진국 지수 편입도 가능하다. 핵심은 지배 구조"라고 설명했다.[69]

> ▶ **용어 해설: MSCI 지수**
>
> MSCI 지수는 모건스탠리캐피털인터내셔널(MSCI: Morgan Stanley Capital International)이 작성하는 세계 주가지수를 말한다. MSCI는 미국 투자은행인 모건스탠리의 자회사이다.
> MSCI 지수는 전 세계 기관투자자가 운용하는 펀드의 벤치마크 지수로 활용된다.
> MSCI는 전 세계 증시를 경제 규모와 개방성 등에 따라 선진 시장과 신흥 시장, 프런티어 시장으로 분류한다.
> 2024년 6월 MSCI는 <2024년 시장 분류>에서 한국을 종전과 같이 신흥 시장으로 분류했다. 우리나라는 1992년에 신흥 시장에 편입되었다. 선진 시장에 편입되려면 편입 후보군인 관찰 대상국에 1년 이상 올라와 있어야 한다. 2008년에 관찰 대상국에 등재되었지만 선진 시장 진입은 계속 실패했다. 선진 시장에 편입되면 글로벌 자금 유입액이 크게 증가한다.
> MSCI는 매년 6월, 시장 재분류를 앞두고 외국인 투자 개방성, 자본 흐름, 외환시장, 영문 공시 등을 기준으로 시장 접근성을 평가해 보고서를 발표한다. 평가 항목은 총 18개로 문제없음(++), 큰 문제 없으나 개선 여지(+), 개선 필요(-) 등 3단계로 분류한다.
> 2024년에 MSCI는 한국의 공매도 접근성이 악화되고 있다고 평가했다. 총 18개 평가 항목 중 17개는 전년과 결과가 같았지만, 공매도 항목은 2023년에 비해 한 등급 낮췄다.[70]

---

69) 메리츠리서치, 'K-밸류업, RE:BOOTing', 2025.3.31
70) 천현정, "선진국 지수 편입 발판 마련했다", 머니투데이, 2025.3.2

6장
코리아 프리미엄을 위한 제안

01.
이사회 충실 의무는 글로벌 스탠다드

개정 상법, 총주주 이익 보호와 전체 주주 이익 공평 대우 조항 신설

2024년 5월, 서울고법 가사2부는 SK그룹 최태원 회장과 노소영 관장의 이혼 소송에서 "원고 최 회장은 피고 노 관장에게 위자료로 20억 원, 재산 분할로 1조 3,808억 원을 지급하라"고 판결했다. 노태우 전 대통령의 자금 300억 원이 SK그룹으로 흘러 들어가 그룹 성장에 역할을 했다는 점도 인정했다.

SK그룹은 이 판결이 기업의 성장 역사를 크게 훼손했다고 반발하며 정면 대응하기로 결정했다. SK그룹은 대법원에 상고하고 노태우 전 대통령 특혜 의혹 해소에 총력을 기울이겠다고 밝혔다.

SK그룹이 최태원 회장의 이혼 소송에 적극 대응하겠다고 나선 것은 최태원이 바로 SK그룹이라고 여기는 시대착오적 행동이다. 총수 개인의 문제와 그룹 경영은 분리해야 한다. 이혼 소송으로 SK그룹의 명예나 위신이 떨어졌다면 최태원 개인이 책임져야 한다. SK그룹이 최태원을 위해 총력을 기울일 게 아니라 최태원에게 손해배상 소송을 제기해야 마땅하다.

우리나라에서는 기업의 주인은 주주가 아니라 총수 일가라는 인식이 견고하다. 재벌 총수는 당연하다는 듯이 주인 행세를 하고 전횡을 저지른다. 이러한 반주식회사적 기업 문화와 총수 일가에게 이익을 몰아주는 약탈 경영을 개혁하지 않고는 밸류업은 고사하고 코리아 디스카운트조차 해소할 수 없다. 재벌 기업의 후진적 지배 구조를 개혁하고 경영과 회계의 투명성을 확보하는 일이 코리아 프리미엄으로 가는 지름길이다.

2025년 3월, 기업 이사의 충실 의무 대상을 '회사'에서 '회사와 주주'로 확대하는 상법 개정안이 국회 본회의를 통과했다. 이는 후진적인 기업 경영 문화를 혁파하라는 국민의 명령이다. 최고경영자와 이사진은 총수 일가만의 이익이 아니라, 모든 주주의 이익을 위해 기업을 경영해야 한다.

선진국에서 주식회사는 대개 소유와 경영이 분리되어 있다. 지배 주주가 있어도 경영에 직접 관여하지 않는다. 지배 주주의 영향을 받지 않는 독립적인 이사진이 의사결정을 하고 그 결과에 책임을 진다.

국내 재벌 기업은 총수 일가 등 지배 주주가 회사 경영을 좌지우지한다. 이사도 총수가 임명한다. 이사는 총수 일가의 지배력 확장과 사익 편취를 위해, 일감 몰아주기, 부실 계열사 지원, 사업 기회 가로채기, 과도한 경영진 임금 등으로 일반 주주 이익을 지속적으로 침해한다.

이는 글로벌 시장에서 한국 상장 기업의 주가가 성장성이나 안정성 등 경쟁력에 비해 낮게 평가되는 코리아 디스카운트의 주원인이 되었다.

2025년 3월, 야당 주도로 국회 본회의를 통과한 상법 개정안은 이사의 충실 의무 대상을 기존 '회사'에서 '회사 및 주주'로 확대했다.

현행 상법 제382조의3은 '이사는 법령과 정관의 규정에 따라 회사를 위하여 그 직무를 충실하게 수행하여야 한다'고 규정한다.

개정법은 "이사는 법령과 정관의 규정에 따라 회사 및 주주를 위하여 그 직무를 충실하게 수행하여야 한다"고 규정하여, 이사의 충실 의무 대상에 주주를 추가하였다(개정법 제382조의3 제1항).

여기에 제2항을 신설하여, "이사는 그 직무를 수행함에 있어 총주주의 이익을 보호하여야 하고, 전체 주주의 이익을 공평하게 대우해야 한다"고 명시했다.

〈상법 제382조의3 개정안〉

기존	개정안
이사는 법령과 정관의 규정에 따라 회사를 위하여 그 직무를 충실하게 수행하여야 한다.	① 이사는 법령과 정관의 규정에 따라 회사 및 주주를 위하여 그 직무를 충실하게 수행하여야 한다. ② 이사는 그 직무를 수행함에 있어 총주주의 이익을 보호하여야 하고, 전체 주주의 이익을 공평하게 대우해야 한다.

대법원, 주주에 대한 배임죄 성립하지 않는다고 판결

2009년 5월, 대법원은 에버랜드 전환사채 사건에서 이사의 충실 의무 위반과 관련하여 회사와 주주의 이익을 구분하고, 이사의 충실 의무 대상은 회사 이익에 한정하는 것으로 해석하였다.

이사는 회사 사무를 처리하는 자의 지위에서, 회사에 대한 선량한 관리자의 주의 의무(善管注意義務)나 충실 의무에 기하여 업무를 수행하지만, 회사와 별개인 주주에 대한 관계에서 직접 주주의 사무를 처리하는 자의 지위에 있는 것이 아니라며, 이사의 업무 수행과 관련하여 원칙적으로 주주에 대한 배임죄는 성립하지 않는다고 판결했다(2009. 5. 29. 선고 2007도4949 전원합의체)

이 판결로 부당 합병이나 쪼개기 상장 등으로 일반 주주의 이익이 침해되어도 회사 이익이 침해되지 않았다면 그러한 의사 결정을 한 이사에게는 어떤 책임도 물을 수 없게 되었다.

이사의 충실 의무 대상을 회사로 한정한다는 법원 해석에 따라, 지배 주주의 이익과 전체 주주의 이익이 충돌할 때, 이사가 지배 주주 이익을 우선하는 결정을 내려 일반 주주 이익을 침해하더라도 책임을 물을 수 없었다.

이런 불합리를 바로잡기 위해, 21대 국회에서는 박용진, 이용우 전 의원이 상법 개정안을 냈다. 22대에서는 강훈식, 박주민, 박상혁 등 의원 5명이 개정안을 대표 발의했지만 국회를 통과하지 못했다.

주주에 대한 충실 의무는 선진국에서는 확고한 원칙

상법 개정안은 자본시장을 투명하고 공정하게 만들어 국장을 탈출하는 국내외 투자자를 돌려세우는 첫걸음이 될 것이다.

상법 개정안을 시행할 경우 첫째, 기관투자자나 행동주의 펀드가 의결권 행사, 이사 선임, 배당 정책 등에 의견을 적극 개진하고 주주이익을 침해하는 결정에 소송을 제기하여, 쪼개기 상장과 총수를 위한 헐값 합병, 상속세 절감을 위한 의도적 주가 떨어뜨리기 등이 줄어들 것이다.

둘째, 주주 간 이해 충돌 여부 등 의사결정이 전체 주주 이익에 부합하는지 검토해야 하므로 이사는 신중하게 의사결정을 하고 자본 배분, 인수·합병, 내부 통제 등 경영 전반에 걸쳐 주주 친화 기조가 강화될 것이다.

셋째, 주주 행동 플랫폼의 부상과 맞물려 주주 행동주의 영향력이 강화될 것이다. 주주 행동 플랫폼은 주주 인증에 기반한 애플리케이션 플랫폼을 가리킨다.

코로나19 이후 개미 투자자가 크게 증가하면서 플랫폼을 통해 일반 주주가 단결하고, 주주권을 행사하는 사례가 늘고 있다. 그동안 일반 주주는 네이버 종목 토론방이나 카카오톡 오픈 채팅방에서 토론하고 행동했다. 지금은 주주 행동 플랫폼을 통해 동시다발적으로 결집하여 의사를 표현하고 행동으로 옮긴다. 세계적으로 선례를 찾아보기 어려운 집단행동이다.

야당과 시민단체는 현행 상법은 이사가 지배 주주만을 위한 의사 결정을 하더라도 회사 이익을 침해하지 않으면 책임이 없기 때문에, 일반 주주의 부(富)를 지배 주주로 이전하는 행위를 막기 어렵다고 주장한다. 개인과 기관투자자는 물론, 외국인 투자자에게 우리나라 상법은 주주를 보호하지 않는다는 인식을 주어 주식 시장 활성화에 걸림돌이 되고 있다며 상법 개정안은 주주를 보호하고 기업 지배 구조를 개선할 것이라고 기대했다.

재계와 국민의힘, 보수 언론은 크게 세 가지 이유를 들어 개정안을 반대해 왔다.

첫째, 현행 상법에서 회사 이익은 본질적으로 주주 이익을 포함하며, 이사는 주주 이익을 보호, 증진할 의무를 간접적으로 지므로 이사가 개별 주주에 대해서도 충실 의무를 진다는 조항은 불필요하다.

둘째, 충실 의무 확대는 기업 경영에 부정적인 영향을 줄 수 있다. 이사의 충실 의무 대상을 주주로 확대하면, 이사회는 단기적인 주주 이익까지 고려해야 하므로 의사결정이 지체될 수 있다. 특히 기업은 모험 자본 투자를 꺼려서 혁신 성장이 일어나지 않을 것이다.

셋째, 일반 주주가 이사의 충실 의무 위반을 이유로 소송을 남발할 수 있다.

이에 대하여 야당과 시민단체는 첫째, 지배 주주와 일반 주주 사이에 이해가 상충할 경우 일반 주주 보호를 위해 개정이 필요하며, 둘째, 지배 주주와 전체 주주의 이익이 충돌할 때, 전체 주주 이익을 고려하도록 한 조항은 주로 합병·분할 등 조직 재편이나, 회사와 특수관계인 사이의 상품·용역 거래 등에 한정하여 적용되어, 회사의 모험 자본 투자나 혁신 성장과는 관련이 없으며, 셋째, 주주에 대한 충실 의무는 일상적인 경영 활동에 적용되지 않으며, 정도 경영을 하는 상장사 대부분은 이사회 의안 중에 충실 의무 적용 대상이 5%를 넘지 않아 상법 개정으로 형법상 배임죄 적용이 확대될 가능성은 매우 적다고 반박한다.

국내 금융 투자업계와 개미 투자자, 해외 주요 기관 대다수는 오랫동안 상법 개정을 촉구해왔다. 지배 주주 전횡을 막고 불투명한 지배 구조에서 발생하는, 쪼개기 상장, 불공정한 합병, 제삼자 배정 방식의 유상증자 등에서 일반 주주를 보호하는 기본 장치로 보았기 때문이다.

코리아 디스카운트 해소를 위해서도 꼭 필요하다. 한동훈 전 국민의힘 대표도 이사의 충실 의무를 전체 주주로 확대하는 데 동의했다. 윤석열 대통령이 임명한 검사 출신 이복현 금융감독원장은 상법 개정안 통과에 직을 걸겠다고 공언했다.

2025년 3월, 금융감독원이 배포한 〈주주 보호 및 기업가치 제고 관련 참고 사항〉에 따르면, 이해 상충 상황에서 이사, 대주주 등의 주주 충실 의무는 주요 선진국이 법과 제도의 해석 등으로 인정하는 글로벌 스탠다드다.

미국과 영국은 판례법 등을 통해 이사의 충실 의무를 '주주에 대하여' 인정했다. 미국 델라웨어주(State of Delaware) 회사법은 이사의 충실 의무와 의무 위반에 따른 법적 책임의 대상에 회사와 주주를 병기했다.

미국 델라웨어주 법원은 글로벌 회사법 분야에서 세계적인 권위를 갖고 있다. 델라웨어주는 친기업 성향이 강하다. 인구는 100만 명에 불과하지만 등록 법인 수가 180만 개에 달하는 기업 천국이다.

영국 판례는, 이사가 회사법상 권한을 행사하여 주주 이익을 침해할 수 있는 거래에서는 주주에 대한 의무가 인정된다고 판시했다. 전통적으로 회사 중심의 충실 의무 체제를 유지한 일본은 최근 회사와 주주 이익의 분리 가능성을 인정하면서 판례와 지침 등을 통해 주주 보호 의무를 인정하는 등 영미법 체계를 따르고 있다.

〈G20/OECD 기업지배구조 원칙〉도 지배 주주의 권한 남용으로 일반 주주 이익을 침해할 우려가 있음을 지적하고, 이사가 모든 주주에게 충실 의무를 진다는 점을 명확하게 규정하는 것이 일반 주주를 보호하기 위한 핵심이라고 기술하고 있다.

〈G20/OECD 기업지배구조 원칙〉은 각국 정책 입안자가 기업 지배 구조를 개선하고 평가하도록 돕기 위해 1999년 제정되었다. 2015년에 OECD와 G20 회원국이 이를 승인했다.

주주에 대한 이사의 충실 의무는 선진국에서는 법조문이나 판례를 통해 이미 확립된 원칙이다. 지배 주주의 전횡이 횡행하는 우리나라에서는 입법 필요성이 절실하다.

윤석열 정부와 국민의힘은 상법 개정보다는 자본시장법을 개정하여 핀셋 규제만 하자는 입장이다. 정부와 여당이 추진하는 자본시

상법 개정은 합병 가액 불공정, 쪼개기 상장 등 일부 주주 가치 훼손에 대한 규제일 뿐이다. 적용 범위가 협소하다. 주식회사 이사에게 적용하는 일반 원칙이 아니다. 자본시장법 개정은 상법의 주주 충실 의무 조항을 대체할 수 없다.

02.
감사위원 2인 이상 분리 선출

주주총회 이사 선임 시, 의결권 3% 제한 없어

주식회사에서 감사(감사위원)는 무보수 명예직이나 자문·조언에 그치는 고문직이 아니다. 이사의 업무 집행과 회계를 감사하는 필수 상설 기관이다.

감사는 언제든지 이사에 대하여 영업에 관한 보고를 요구하거나 회사의 업무와 재산 상태를 조사할 수 있다(상법 제412조). 이사는 회사에 현저하게 손해를 미칠 염려가 있는 사실을 발견한 때에는 즉시 감사에게 보고하여야 한다(상법 제412조의2). 감사는 회의의 목적과 소집 이유를 기재한 서면을 이사회에 제출하여 임시총회 소집을 청구할 수 있다(상법 제412조의3). 모회사 감사는 자회사에 영업 보고를 요구할 수 있다(상법 제412조의5).

감사는 경영진의 독단과 부정행위를 막고, 법과 정관을 준수하는지 감시하며, 경영 투명성을 확보하여 주주 이익을 보호해야 한다.

이런 직무 특성으로 지배 주주나 최고경영자의 영향을 받지 않고 선출되어야 감사는 본연의 역할을 충실하게 수행할 수 있다.

상법에 따라 주식회사는 감사를 선임하거나 감사위원회를 설치해야 한다. 감사위원회는 감사를 대신하여, 위원 다수를 사외이사로 구성하는 등 독립성과 전문성을 강화한 이사회 내 전문 위원회를 말한다.

그동안 우리나라에서는 기업이 감사위원을 선임할 때 지배 주주가 영향력을 행사하여 감사위원회 독립성을 무력화했다. 1962년 상법 제정부터 현재까지 대규모 상장 회사에서 지배 주주가 지지하지 않거나, 일반 주주가 지지하는 감사위원이 선임된 사례는 거의 없다.

이를 해결하기 위해 2020년 12월, 상법을 개정하여 일부 상장 회사를 대상으로 '감사위원 분리 선출 제도'를 도입했다.

상법 제542조12 제2항 단서는 "감사위원회 위원 중에 1명은 주주총회 결의로 다른 이사와 분리하여 감사위원회 위원이 되는 이사로 선임하여야 한다"고 규정한다. 감사위원 1인은 이사와 분리하여 선출해야 한다는 조항이다.

지배 주주의 영향력을 제한하기 위해, 감사를 선임할 때, 발행 주식 총수의 100분의 3을 초과하는 주식을 가진 주주는 그 초과하는 주식에 관하여 의결권을 행사하지 못하도록 했다(상법 제409조 제2항). 흔히 말하는 '3% 규칙'이다. 감사위원이 될 이사 후보를 정한 후 찬반 표결할 때 처음부터 3% 규칙을 적용하여 이사와 감사위원을 한 번에 선임하게 했다.

주주총회에서 이사를 선임할 때는, 감사 선임 시 적용하는 의결권 3% 제한이 없다. 감사위원 후보 집단인 이사진을 선출할 때 의결권 제한이 없어, 지배 주주는 자신에게 적대적인 감사위원 후보를 미리 배제할 수 있다.

이사회는 대개 이사 7~9명으로 구성된다. 여기에는 감사위원인 이사도 포함한다. 지배 주주가 뽑은 이사 중에서 감사위원을 선출하지 않고 감사위원을 별도 선임하면, 지배 주주의 영향력을 약화하여 감사위원회 독립성을 강화할 수 있다.

개정 상법에 따라 자산총액이 2조 원 이상인 상장회사는 감사위원회를 설치하여야 한다(상법 제542조의11 제1항). 감사위원은 3명 이상의 이사로 구성하며 사외이사가 위원의 3분의 2 이상이어야 한다. 위원 중에 1명 이상은 회계 또는 재무 전문가이어야 하고, 감사위원회 대표는 사외이사이어야 한다(상법 제542조의11 제2항).

특히, 감사위원회 위원의 선임과 해임을 이사회가 아닌 주주총회가 하도록 했다. 주주총회에서 선출된 이사 중에 감사위원회 위원을 선임하도록 했다(상법 제542조의12).

감사를 선임할 때, 주주가 발행 주식 총수의 100분의 3을 초과하는 지분을 갖고 있을 경우 초과한 지분은 의결권이 없다. 사외이사가 아닌 감사위원회 위원을 선임하거나 해임할 때 최대 주주의 경우 특수관계인이 소유하는 주식을 합산한다(상법 제542조의12 제4항). 즉, 사외이사가 아닌 감사위원을 선출할 때 최대 주주와 특수관계인 지분을 합쳐 3%까지만 의결권을 인정한다.

사외이사인 감사를 선임할 때는 최대 주주와 특수관계인의 지분을 합산하지 않고 개별적으로 의결권을 3%까지 인정한다. 지배 주주 갑이 9%, 특수관계인 을은 6%, 특수관계인 병은 3%를 갖고 있다면 사내이사인 감사위원을 선임할 때 갑, 을, 병을 합산하여 3%로 제한하지만, 사외이사인 감사위원을 뽑을 때는 의결권이 9%로 3배 증가한다.

이에 대하여 시민단체는 재계 압력에 굴복한 결과라며 감사위원 분리 선출 제도의 취지를 훼손했다고 비판했다.

2020년 상법 개정으로 이사와 분리 선출할 수 있게 된 후, 감사위원은 지배 주주와 일반 주주가 표 대결을 벌이는 대표적인 자리가 되었다.

재계는 2020년, 감사위원 분리선출제를 도입할 때 의결권을 이중으로 제한하고 투기 자본이 경영에 간섭할 가능성이 높다며 반대했다. 감사위원은 이사도 겸임하므로 외국계 투기 자본이 감사위원이 되면 무리한 배당이나 자산 매각 등을 요구할 수 있다고 목소리를 높였다.

야당과 시민단체는 분리 선출하는 감사위원 수를 현행 1인 이상에서 2명 이상으로 확대해야 한다고 주장한다. 상장 회사의 감사위원회는 대개 감사위원이 3명이다. 1명만 분리 선출할 경우, 지배 주주가 나머지 2명을 선임하여 감사위원회를 장악할 수 있기 때문이다.

재계는 분리 선출 감사위원 2인 이상 확대는 주식회사의 기본 원리에 맞지 않으며, 선진국에 없는 제도라고 반대한다. 행동주의 펀드나 투기 자본이 경영에 간섭하거나 경쟁사로 기술을 유출하여, 기업 경쟁력을 훼손한다고 공격한다.

> ▶ **용어 해설: 주주 행동주의와 행동주의 펀드**
>
> 주주 행동주의(shareholder activism)는 사모펀드와 기관투자자, 소액주주와 같은 주주가 기업의 의사결정에 적극 개입하여 이익을 추구하는 활동을 가리킨다. 주로 기업에 인수·합병이나 자사주 매입, 배당 확대, 재무구조 개선, 사외이사 확충 등을 요구한다.
>
> 주주 행동주의를 실천하는 펀드를 행동주의 펀드라고 한다. 행동주의 펀드는 특정 기업 주식을 대량으로 매수하여 주주가 된 후 의결권 행사 등 다양한 전략을 구사하여 기업 가치 증대를 추구한다.
>
> 동종업계 기업(peer group)에 비해 저평가되어 있고 몇 가지 문제를 해결하면 가치를 크게 증대시킬 수 있는 기업이 행동주의 펀드의 대상이다.
>
> 국내 행동주의 펀드의 시초는 2006년부터 약 6년간 운용한 한국기업지배구조펀드(KCGF)다. 문재인 정부 시절 청와대 정책실장을 지낸 고려대 장하성 교수가 주도하여 '장하성 펀드'라고도 한다.
>
> 이후 다양한 펀드가 출시되긴 했지만 활동이 부진하다가 2016년 스튜어드십 코드 도입으로 주주환원 정책이 활성화하면서 지배구조 개선과 주주가치 제고를 목적으로 행동주의 펀드 활동이 증가하고 있다. 얼라인파트너스는 2022년 3월부터 SM엔터테인먼트에 경영진 개인 회사와의 내부거래를 지적하며 지배구조 개선을 공개적으로 요구했다. 2023년 1월,

SM엔터테인먼트는 개인 회사와 계약을 종료하고 사외이사 비율을 확대했으며, 이사회 내에 내부거래위원회와 보상위원회를 설치했다.

2022년 12월, 트러스톤 자산운용은 태광산업이 계열사인 흥국생명 유상증자에 참여한다면 태광산업의 일반 주주가 피해를 본다며 반대하여 무산시켰다. KT&G, BYC 등도 행동주의 펀드의 대상이 되었다.[71]

우리나라의 대표적인 행동주의 펀드는 2018년에 등장한 한국기업지배구조개선(KCGI) 펀드다. 강성부 펀드로 불리는 KCGI는 2023년 6월, DB하이텍에 보낸 주주 서한에서 지배 주주의 사적 이익 추구, 불투명한 경영, 내부통제 미비, 주주 권익 무시로 DB하이텍 주가가 저평가되고 있다고 지목했다.

2023년 8월, KCGI는 현정은 현대그룹 회장에게 현대엘리베이터 사내이사를 사임하라고 요구했다. KCGI는 현 회장이 현대아산, 현대무벡스, 에이블현대호텔앤리조트 등 계열사 사내이사를 겸직하고, 이사회 참석률이 저조했지만 최근 3년간 보수로 120억 원을 받았고, 현대엘리베이터 2대 주주인 쉰들러홀딩스가 제기한 주주대표소송의 당사자이기 때문에 회사 상근이사와 이사회 의장직을 유지하는 것은 심각한 이해 충돌의 우려가 있다고 지적했다.[72]

---

71) 홍지연, "최근 행동주의펀드 현황 및 국내 시사점", 자본시장포커스, 2023.4.17
72) 이창민, "진화하는 행동주의 펀드, 주주와 시장 지지를 얻을 방법?", KDI 나라경제, 2024.3월호

분리 선출 감사위원 2인 이상으로 확대해야

　2020년 상법 개정 이후에도 지배 주주가 추천하지 않은 인사가 감사위원으로 뽑히는 사례는 드물었다. 계열사가 3% 이내로 지분을 매집하거나, 지배 주주가 측근에게 지분을 빌려 주거나, 기습적으로 주주총회를 열어 감사위원을 선출했기 때문이다. 일반 주주가 추천하는 후보가 선출되어도 지배 주주는 이사회 정원을 늘리는 방법 등을 써서 감사위원회를 장악했다.

　주진우 사조그룹 회장은 2022년 임시 주주총회를 앞두고 지인 2명에게 지분을 3%씩 대여했다. 지분 빌려주기로 주 회장은 의결권 행사 가능 지분율을 9%로 늘렸다.

　2023년 12월, KCGI자산운용이 행동주의 운동을 벌이는 현대엘리베이터는 임시 주주총회를 열고 감사위원이 되는 사외이사를 선임했다. KCGI자산운용은 분리 선출된 서창진 감사위원의 임기가 2024년 3월에 끝나기 때문에, 주주총회 때 그를 감사위원 후보로 제안할 계획이었다.

　현대엘리베이터는 2023년 11월 17일에, 이사 선임을 안건으로 하는 임시 주주총회를 소집한다고 공시했다. 상법에 따라, 주주 제안을 하려면 주주총회일 6주 전에 회사에 서면으로 해야 한다. 현대엘리베이터는 주주총회 소집일인 12월 29일에서 정확히 6주 전 당일에 공시했다. 감사위원 선임 안건을 기습적으로 공시하여 KCGI자산운용이 주주 제안을 할 수 있는 기회를 박탈했다.

JB금융지주는 2024년 주주총회에서 이사 수를 9명에서 11명으로 늘렸다. 오랫동안 재임한 사외이사는 모두 유임하고 행동주의 펀드가 추천한 후보는 1명으로 제한하여 우위를 확보했다.

지배 주주의 횡포를 막고 경영의 투명성을 확보하기 위해 감사위원을 한 명 이상 분리 선출하는 규정으로는 효과를 거둘 수 없다. 상장회사 감사위원회는 3명 이상의 이사로 구성되므로 과반수는 되어야 경영진을 감시하고 견제할 수 있다.

분리 선출 감사위원을 2인 이상으로 확대하면 일반 주주의 이익을 더 강하게 보호하고, 감사위원회의 독립성과 투명성을 제고할 수 있다. ESG 경영 강화로 기업 가치를 올리고 국내외 투자자에게 신뢰를 얻을 수 있다.

▶ 용어 해설: ESG

'ESG'는 기업의 비재무적 요소인 환경(Environment), 사회(Social), 지배구조(Governance)를 뜻한다. 'ESG 경영'이란 장기적인 관점에서 친환경과 사회적 책임, 투명성·공정성을 통해 지속가능한 발전을 추구하는 경영이라고 할 수 있다.

ESG는 새로운 투자 기준으로 자리 잡았다. ESG를 투자 기준으로 삼는다는 것은 기업의 재무적 성과뿐 아니라 환경 보호, 사회적 책임, 기업 지배구조 등 비재무적 성과를 보고 투자를 결정하겠다는 의미다.

세계 3대 연기금으로 꼽히는 노르웨이의 국부펀드는 ESG 평가 기준에 따라 석탄, 담배, 핵무기를 생산하는 기업과 환경 오염을 일으키는 기업, 부패하거나 인권을 침해하는 기업을 투자 대상에서 제외했다. 기업이 돈을 빌리거나 투자를 받을 때 중요하게 고려하는, 신용 등급을 평가하는 스탠더드앤드푸어스(S&P)와 무디스, 피치 등 신용 평가 기관은 2019년부터 기업의 신용을 평가할 때 ESG를 고려하고 있다.[73]

---

73) "지속가능한 성장을 위한 기업의 노력, ESG 경영", KDI, 2021.7

03.
소수 주주의
과반 결의(MoM)

지배적 소수 주주로 1주 1표 원칙 작동하지 않아

소수 주주의 과반 결의(Majority of Minority: MoM)는 계열사 합병이나 분할, 포괄적 주식 교환, 총수 일가의 임원 선임과 보수 결정 등 지배 주주와 소수 주주의 이해가 충돌하는 사안에서 총수와 특수관계인 등 지배 주주의 의결권을 제한하는 제도이다.

상장 회사에서 지배 주주와 소수 주주 사이의 이해 충돌은 주로 지배 주주가 자신의 지분을 초과하여 의사결정권을 행사할 때 발생한다.

우리나라 대기업은 총수 일가가 여러 계열사를 지배하고 있다. 계열사마다 총수 일가의 지분율과 의사결정권이 차이가 나는 '소유와 지배의 괴리' 현상이 발생한다.

자산총액 5조 원 이상인 공시대상기업집단을 보면, 총수 일가는 지분을 평균 3.5% 보유하지만 계열사 지분, 자사주 등을 통해 그룹

의사결정권은 61.1%를 보유한다.

2024년 9월, 공정거래위원회가 공개한 '2024년 공시대상기업집단 주식 소유 현황'에 따르면, 총수 있는 기업집단 78개의 내부지분율은 61.1%이다. 이 중에서 총수 일가가 3.5%, 계열사가 54.9%를 보유하고 있다. 내부지분율은 계열사의 총 발행 주식 중에 동일인, 친족, 계열사, 비영리법인, 임원 등이 보유한 주식의 비율을 가리킨다.

〈총수 있는 기업집단 78개의 내부 지분율 현황〉

총수 일가			총수 일가 이외					합계
동일인	친족	소계	계열사	비영리법인	임원	자사주	소계	
1.6	1.9	3.5	54.9	0.2	0.2	2.3	57.6	61.1

사익 편취 규제 대상 회사는 총수 있는 78개 기업집단에 소속된 939개사다. 전년도 900개사보다 39개사 증가했다. 사익 편취 규제 대상 회사는 총수 일가가 20% 이상 지분을 보유한 회사와 그 회사가 50%가 넘는 지분을 보유한 회사이다.

수십 년간 총수 일가는 자신의 지분율이 높은 계열사에는 유리하고, 낮은 계열사에는 불리한 계약과 거래를 통해 사익을 편취했다. 지분율이 낮은 계열사의 주주가 일방적으로 손해를 보는 일이 끊임없이 발생했다.

지분은 적지만 의사결정권은 강한, 대기업 총수 일가를 '지배적 소수 주주(controlling minority shareholder)'라고 부른다. 지배적 소수 주주로 인하여 한국 재벌 기업에서는 1주 1표 원칙이 작동하지 않는다.

2015년 삼성물산·제일모직 합병과 2018년 현대모비스·현대글로비스의 분할·합병 시도 사건에서 드러났듯이 재벌 기업은 계열사를 합병하거나 분할·합병할 때 합병 비율을 총수 일가에게 유리하게 산정하여 변칙적으로 경영권을 승계하고 일반 주주의 이익을 크게 침해했다.

2024년 7월, 두산그룹은 두산에너빌리티의 자회사 두산밥캣을 두산로보틱스와 합병하는 사업 구조 개편을 추진했다. 두산밥캣의 일반 주주가 강력하게 반대하자 2024년 8월, 두산그룹은 합병을 철회했다. 이 사건으로 합병과 관련 없는 두산그룹 계열사까지 주가가 하락했다.

협동 로봇을 만드는 두산로보틱스와 소형 굴삭기를 만드는 두산밥캣이 합병을 추진할 당시, 두 회사 시가총액은 5조 원대로 비슷했다. 두산그룹은 주당 기준 시가를 두산로보틱스는 8만 114원, 두산밥캣은 5만 612원으로 계산하여 합병 비율을 1 대 0.63으로 결정했다. 두산밥캡 1주당 두산로보틱스의 주식 0.63주를 교환한다는 방안이었다.

두 회사는 시가총액은 비슷하지만 영업 실적은 차이가 컸다. 두산밥캣의 2023년 매출은 9조 7,589억 원, 영업이익은 1조 3,899억 원을 기록했다. 이는 2023년 두산그룹 전체 영업이익의 97%를 차지한다. 두산밥캡은 1조 억 원 넘게 돈을 벌어주는 두산그룹의 캐시카

우였다.[74]

두산로보틱스는 2023년 매출액이 530억 원이었지만, 영업 손실이 192억 원이나 났다. 2015년 설립 후 한 번도 흑자를 기록하지 못한 만성 적자 기업이었다. 영업이익이 1조 원이 넘는 두산밥캣과 비교할 수 없었다.

두산로보틱스는 적자를 냈지만 두산밥캣보다 주가가 높았다. 국내 협동로봇 시장 1위 업체라는 평가를 받아 미래 가치가 높았기 때문이다.

두산그룹은 시가대로 교환 비율을 산정하는 자본시장법을 따랐다고 해명했다. 두산밥캣 일반 주주는 미국에서는 시가총액이 아니라 시장 가치와 자산 가치, 수익 가치 등을 종합적으로 고려한, 공정 가치로 산정한다며 법의 허점을 악용한 사례라고 비판했다.

삼성물산·제일모직 합병처럼 주가를 기준으로 합병 비율을 산정하면서, 두산로보틱스는 두산밥캣보다 기업 가치를 높게 평가받았다. 두산밥캣 일반 주주가 반발하지 않을 수 없었다.

재벌 기업이 인수·합병을 통하여 재무 구조를 개선한다는 명목으로 사업 구조를 개편할 경우, 계열사 중복 상장 등으로 소수 주주는 큰 손해를 볼 수 있다. 이는 코리아 디스카운트의 주원인이다.

개미 투자자는 국내 증시를 'K-통수(한국 증시의 뒤통수 치기)'라 부르며 투자해서는 안 되는 시장이라 말한다. 국장 탈출은 지능 순이

---

74) 신종철, "알짜 두산밥캣을 적자 두산로보틱스 자회사로", 로리더, 2024.7.18

라며 분루를 삼키면서 미국 증시로 투자 이민을 간다.

한국거래소에 따르면, 2024년 상반기에만 개인 투자자는 한국 증시에서 7조 3,798억 원을 순매도했다. 그들이 몰려간 곳은 미국 증시다. 같은 기간에 한국 투자자의 미국 주식 순매수액은 10조 9,000억 원에 달했다.

이해 상충 거래에서 상대방 동의는 민사법 대원칙

이해 상충 거래에서 상대방 동의는 민사법의 대원칙이다. 지배 주주인 총수 일가와 일반 주주의 이해가 상충하는 거래에서 진정한 거래 상대는 회사가 아니라 일반 주주다.

소수 주주의 과반 결의(MoM)를 도입하여 민사법 대원칙을 구현해야 한다. 우리나라는 MoM을 도입하지 않았지만 낯선 제도는 아니다. 비슷한 법률이 있고 자발적으로 도입하겠다고 밝힌 기업이 있기 때문이다.

상법 제368조 제3항은 '총회의 결의에 관하여 특별한 이해관계가 있는 자는 의결권을 행사하지 못한다'고 규정한다. 이 특별한 이해관계가 있는 자에 지배 주주와 특수관계인을 포함한다고 해석하면 MoM 도입과 비슷한 효과를 거둘 수 있다.

공정거래법은 이미 계열사 간 합병이나 영업 양도를 할 때 금융회사와 보험사, 공익법인의 의결권을 제한한다(공정거래법 제25조 제1항 제3호).

생명공학 기업 셀트리온은 주주를 대상으로 설문조사를 한 후 셀트리온제약과 합병하려는 계획을 철회했다. 2024년 8월, 셀트리온 이사회는 주주 의견과 특별위원회 검토 결과를 바탕으로, 합병 시 너지가 있지만 많은 주주가 반대한다는 점 등을 들어 셀트리온제약과 합병하지 않기로 결정했다. 이는 계열사 합병 결정에 MoM을 도입한 사례라고 볼 수 있다. 2024년 11월, 최윤범 고려아연 회장은 소액주주 권리를 보호하기 위해 MoM을 도입하겠다고 밝혔다.

영국과 미국, 싱가포르, 이스라엘은 MoM을 시행하고 있다. 미국의 경우 모든 안건을 MoM에 부치지는 않는다. 대개 의사결정의 정당성을 확보하기 위한 안건을 부친다. MoM을 통과하면 나중에 법적인 문제가 생기더라도 이사회는 이해 상충 책임이나 배임죄를 면할 수 있기 때문이다.

미국 델라웨어주 법원은 판례를 통하여, 지배 주주나 이사가 이익 상충 거래에서 소수 주주의 동의를 받을 경우, MoM이 거래 공정성이나 적법성에 관한 증명 책임을 전환하거나, 사법 심사 기준을 완전 공정성 원칙(entire fairness rule)에서 경영 판단 원칙(business judgment rule)으로 완화하여 거래 관련 법적 위험을 감소시킨다는 법리를 확립했다.

완전 공정성은 거래가 공정한 절차(fair dealing)와 공정한 거래 가격(fair price) 요건을 만족시켜야 한다는 원칙이다. 경영 판단 원칙은 이사가 충분한 정보를 바탕으로 적법 절차를 따르고, 선량한 관리자의 주의 의무를 다했다면 손해가 발생하더라도 책임을 물을 수 없다는 원칙이다.

MoM을 도입하면 총수 일가가 계열사와 거래하거나, 주주인 이사가 자신의 보수를 정하는 안건이 올라오면 지배 주주 등 이해관계인은 의결권을 행사하지 못한다.

합병을 추진할 경우, 이사회가 주식 교환 비율 등을 공정하게 제안하도록 유도하여, 지배 주주와 소수 주주 사이에 이해 상충을 사전에 해소할 수 있다. 지배 주주의 사익 편취를 방지하고, 주주 사이에 발생하는 갈등과 다툼을 완화하여 거래 비용을 절감할 수 있다.

지배 주주가 거래 전에 MoM을 거치겠다고 선언하면 공정성 논란을 잠재울 수 있다. 소수 주주까지 협상 과정에 직간접적으로 관여하므로 공정 가치에 가까운 거래 조건을 도출할 수 있다.

기업은 부당 지원 행위에 대한 공정거래위원회 과징금 부과, 업무상 배임죄에 따르는 형사 처벌 등 이해관계자 거래에 가하는 법적 제재에 맞서 공정성과 적법성을 주장할 수 있다.

04.
지나치게 많은 총수 보수 제한을 위한 세이온페이

지나치게 많은 보수는 주주 권익 침해

금융감독원 전자공시시스템에 따르면, 2024년에 조현상 HS효성 부회장은 보수로 323억 8,200만 원을 받아, 재계 총수 중에 가장 많았다.

효성그룹 오너 3세인 조 부회장이 HS효성과 효성에서 받은 323억 8,200만 원 중에 특이한 보수가 있다. 특별공로금이다. 그는 효성을 떠나 HS효성을 출범시키면서 급여 20억 원, 상여 3억 원 외에 특별공로금으로 85억 원을 받았다.

효성그룹은 "임원 보수 규정에 따라 특별한 공로가 있는 등기 임원에게 퇴직금의 50% 내에서 이사회 결의로 특별공로금을 지급한다"며 "조 부회장이 재임 중 신성장 동력 확보에 기여하는 등 경쟁력을 높인 점을 고려하여 지급했다"고 밝혔다. 효성그룹에서 특별공로

금을 받은 직원은 조 부회장이 유일하다.[75]

조 부회장의 특별공로금 지급에 기관투자자는 반발했다. 한국투자밸류자산운용은 대표이사 승인만으로 거액의 특별공로금을 지급하여 주주 권익을 침해했고, 지급 결정 절차가 너무 단순하여 남용할 위험성이 있다고 지적했다.

조원태 한진그룹 회장은 2024년에 급여로만 102억 1,273만 원을 받아 재계 연봉 순위 5위에 올랐다. 2023년 81억 5,715만 원 대비 25.2%나 올랐다. 조 회장은 대한항공에서 51억 300만 원, 한진칼에서 41억 5,373만 원, 진에어에서 9억 5,600만 원을 받았다.

조 회장은 코로나19로 항공업계가 휘청거릴 때 직원 급여는 15.6% 삭감하고 자신의 급여는 크게 올렸다. 코로나가 전 세계로 확산한 2020년, 그는 한진칼과 대한항공에서 30억 9,800만 원을 받았다. 전년 대비 무려 63.9% 올랐다. 이후에도 꾸준히 올라 2021년에 34억 3,000만 원, 2022년은 51억 8,300만 원을 받았다. 2023년에는 한진그룹 지주회사 한진칼과 대한항공에서 81억 5,700만 원을 받았다. 2022년 대비 57.4% 증가했다.[76]

---

75) 전슬기, "조현상 HS부회장, 효성 떠나며 나홀로 특별공로금 85억 받아", 한겨레, 2025.3.13
76) 김인수, "공적자금 받은 한진⋯조원태 회장은 셀프 연봉 인상", 2025.03.18. 14:38, 뉴스드림, 2025.3.18

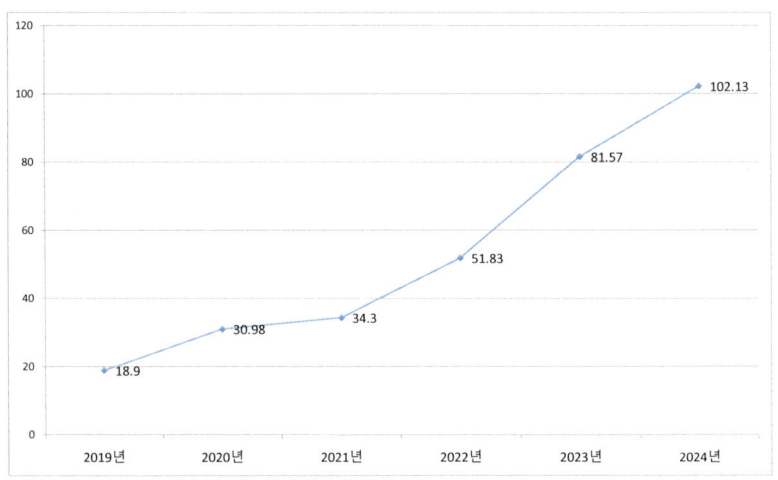

〈조원태 회장 6년간 보수 현황〉 (단위: 억 원)

▶ 조원태 회장은 2024년 보수를 2019년에 비해 5배 이상 올렸다.

 일반 주주에게 돌아가는 배당은 적었다. 한진칼의 2024년 배당성향은 12.5%로 팬데믹 이전인 2019년 49.68%의 4분의 1에 그쳤다.
 일반 주주는 강하게 반발했다. 기업 성과는 경영진뿐 아니라 직원과 주주 모두의 노력으로 이루어지는데 조 회장이 고액 보수를 받아 성과를 독식했다고 비판했다.
 조원태 회장의 부친인 조양호 전 한진그룹 회장은 2019년, 퇴직금·급여 등으로 총 702억 원을 받았다. 70억 원이 아니라 702억 원이다. 대한항공은 "임원 퇴직금 규정에 따라 퇴임 시 월 평균 보수와 직위별 지급률, 근무 기간 등을 고려해 산정했다. 급여는 이사 보수 지급 기준에 따랐다"고 해명했다.

한화그룹 김승연 회장은 2023년에 비등기 이사인데도 36억 원을 받았다. 그의 장남 김동관 대표는 30억 5,000만 원을 받았다. 김승연 회장은 ㈜한화 외에 한화솔루션, 한화시스템에서도 보수를 받아 2023년 보수 총액이 108억 원에 달했다. 김동관 대표는 2023년 ㈜한화 대표이사로 30억 5,800만 원, 한화솔루션 대표이사로 30억 8,300만 원, 한화에어로스페이스 대표이사로 30억 5,800만 원 등 총 92억 원을 받았다.[77]

2020년, 호텔신라는 코로나19로 영업손실이 1,853억 원이나 발생하여 적자로 돌아섰다. 매출도 3조 1,881억 원으로 전년 대비 44.2%나 줄었다.

그해 호텔신라 이부진 사장은 급여 11억 8,400만 원과 상여금 37억 100만 원, 기타 근로소득 700만 원 등 총 48억 9,200만 원을 받았다. 전년 대비 52.6% 증가했지만 호텔신라 직원 평균 연봉은 15.3% 줄었다.

호텔신라는 "이부진 사장이 어려운 대외 환경에서도 경영 역량과 리더십을 발휘해 지속적인 회사 성장, 발전을 위한 사업별 경쟁력 유지, 조직 안정 등에 기여한 점을 고려했다"고 해명했다.[78]

2020년, 유통 기업 경영인 중 가장 많은 급여를 받은 인물은 전인장 삼양식품 전 회장이다. 그는 회삿돈 50억 원을 횡령한 혐의로

---

77) 김길환, "한화솔루션 김동관 보수 30억 8300만 원", 로리더, 2024.3.21
78) 윤정헌, "이부진 호텔신라 사장 연봉 52.6% 급증", 민중의소리, 2021.3.23

2019년 1월에 3년 형을 받고 복역 중이었다.

삼양식품은 2020년, 전 회장에게 141억 7,500만 원을 지급했다. 전 회장과 같은 혐의로 유죄 판결을 받은 그의 아내 김정수 삼양식품 총괄사장도 44억 원을 챙겼다. 급여 3억 4,027만 원에 퇴직금 40억 6,632만 원을 받았다.[79]

2018년, 코오롱그룹 회장직을 전격 사퇴한 이웅열 전 회장은 대기업 총수 중에 가장 많은 보수를 받았다. 그는 퇴직금을 포함하여 455억 원이 넘는 거액을 챙겼다.

이 전 회장은 허가받지 않은 세포가 의약품에 함유되었다는 사실이 밝혀진 코오롱생명과학의 퇴행성관절염 치료제 인보사가, 식품의약품안전처에서 품목 허가 취소를 받으면서 2018년 11월 전격 사퇴했다.

코오롱그룹의 사업보고서에 따르면, 이 전 회장은 ㈜코오롱을 비롯해 코오롱인더스트리, 코오롱글로벌, 코오롱글로텍, 코오롱생명과학, 코오롱베니트 등 자신이 등기 이사로 올라간 6개사 중 5개사에서 455억 7,000만 원을 받았다. 이 중에 410억 4,000만 원이 퇴직금이었다. '인보사 쇼크'를 일으킨 코오롱생명과학에서도 32억 2,000만 원을 받았다.[80]

최태원 SK 회장은 2013년에 보수로 총 301억 원을 받았다. 그는

---

79) 윤희훈, "'횡령 유죄' 전인장 삼양식품 회장, 연봉 142억", 조선비즈, 2021.3.22
80) 오풍연, "아름다운 퇴장, 코오롱 이웅열 회장의 두 얼굴", 서울이코노미뉴스, 2019.4.25

배임, 횡령 등으로 대법원에서 4년 형을 선고받고 복역 중이었다. 최 회장은 SK하이닉스 22억 원, SK이노베이션 112억 원, SK C&C 80억 원, SK 87억 원 등 4개사에서 급여와 성과급을 받았다. 최 회장이 2013년 1월에 구속되어 갇혔는데도 일 년 치 급여를 모두 받았다.[81]

SK그룹은 "정상적으로 회사 근무가 불가능했지만 대표이사 회장으로서 옥중에서도 할 수 있는 책임 경영을 다했기 때문에 지급했다"고 변명했다.

김승연 한화그룹 회장은 2013년에 131억 2,000만 원을 받았다 그는 2012년 8월, 배임 등의 혐의로 구속·수감되어 2014년 3월, 대법원에서 집행유예 판결을 받기까지 구속집행 정지 상태에서 재판을 받았다.

이마트 정용진 회장은 2018년에 36억 1천만 원, 2019년 35억 6천만 원, 2020년 33억 7천만 원, 2021년 38억 9천만 원, 2022년은 36억 2천만 원을 보수로 받았다. 매년 30억 원 넘게 받았지만 이 기간에 이마트 주가는 26만 2,000원에서 9만 8,000원으로 크게 떨어졌다.

2021년 정 회장 보수는 38억 9천만 원이다. 2020년에 비해 5억 2천만 원 올랐다. 같은 기간 전문 경영인 강희석 대표이사의 보수는 20억 9천만 원에서 19억 3천만 원으로 1억 6천만 원 줄었다. 비등기 이사인 정 회장은 보수가 오르고 등기 이사인 강 대표는 줄었다.[82]

---

81) 임지선 등 5인, "수감 중 최태원 SK 회장 연봉 301억", 경향신문, 2014.4.1
82) 이창민, "이마트 주주들이 '회장님' 보수를 통제 못 하는 이유", 한겨레, 2024.7.3

정용진은 회장으로 경영권을 행사하지만 비등기 이사다. 법인을 실질적으로 지배하는 오너 경영인이지만 등기 이사로 오르지 않아 기업을 경영하면서 발생하는 민형사상 책임을 피할 수 있다. 정 회장은 권한만 행사하고 책임을 지지 않아 학계와 시민단체에 줄곧 비판을 받았다.

주총에서 이해관계자 의결권 제한해야

대기업 총수의 과다 보수 논란을 줄이기 위해서는 임원 보수를 결정할 때 일반 주주가 의결권을 행사할 수 있어야 한다. 임원 보수 안건을 다루는 주주총회에서 이해관계자의 의결권을 제한해야 한다.
이사가 다른 회사의 임원을 겸직할 경우 이사로서 충실한 업무 수행을 기대하기 어렵다. 특히, 대표이사는 기업의 운명을 좌우할 수 있는 막중한 자리다. 능력이 출중하더라도 여러 회사에서 대표이사를 겸임하지 못하도록 해야 한다.
경영 성과를 적절하고 합리적으로 보상하는 제도와 문화를 갖추는 일은 기업 경영에서 대단히 중요하다. 총수 일가라는 이유만으로 임직원보다 보수를 많이 지급하면 형평성에 어긋나며, 재무 건전성이 떨어질 수 있다.
회사 발전에 기여한 이사 등 경영진에게 인센티브를 제공하는 것은 바람직하다. 지속적으로 성장하고, 큰 수익을 창출하도록 경영진에게 금전적 동기를 부여해야 한다.

핵심은 회사가 경영자에게 보수를 지급하는 근거이다. 직원은 보상 시스템이 불공정하여 이사 등 경영진 몇 명이 성과를 독차지한다고 느끼면 사기가 저하되어 열심히 일하지 않고 도덕적 해이를 일으킨다. 일반 주주는 성장 가능성이 낮다고 판단하여 주식을 팔아 버린다.

우리나라에서 최고경영자와 이사에게는 대부분 매출액, 영업이익 등 단기 성과를 근거로 현금으로 보상한다. 주가가 떨어질 때 페널티를 받는 경영자는 거의 없다. 주식에 기반한 장기 성과급 제도 등을 대부분 채택하지 않기 때문이다.

우리나라 상법 제388조는 "이사의 보수는 정관에 그 액을 정하지 아니한 때에는 주주총회의 결의로 이를 정한다"고 규정한다. 이는 이사의 보수 결정 권한은 주주에게 있음을 분명히 밝힌 강행 규정이다.

이사의 보수를 주주총회 결의로 정하도록 한 것은 이사회나 대표이사가 보수를 정하면, 자기 급여를 자기가 정하는 이해 충돌 상황이 발생하기 때문이다.

소유와 경영이 분리된 미국과 달리, 국내 대기업은 대부분 총수라고 부르는 지배 주주가 직접 경영을 한다. 우리나라에서 이사의 보수는 일반 주주와 경영자뿐 아니라 소수 주주와 지배 주주의 이해관계가 일치하지 않는 대리인 문제가 발생하여 합리적으로 결정할 필요성이 더 크다.

우리나라는 정관에 이사의 보수를 정한 기업은 거의 없다. 주주총회 결의로 보수를 정할 때도 전체 이사의 보수 총액 한도만 정하고 구체적인 액수는 이사회나 대표이사가 결정한다. 총액 한도를 과도하게 높여 승인받는 경우가 많고, 보수 산정 근거도 알 수 없다.

대법원도 주주총회에서는 임원 보수의 총액 내지 한도액만을 정하고 개별 이사에 대한 지급액 등 구체적인 사항은 이사회에 위임할 수 있다고 판결했다(대법원2012다1993판결).

보상위원회를 설치한 기업도 적다. 2024년 4월 기준으로, 매출액 상위 비금융 상장사 243개사 중에 보상위원회를 꾸린 기업은 81개로 33.3%를 차지했다. 보상위원회는 이사 보수의 객관성과 투명성 확보를 위해 구성한 이사회 내 위원회이다. 주주총회에 상정할 이사 보수 한도와 보상 체계 등 등기 이사의 보수가 적정한지 심의한다.

법적으로 이사 보수 결정권을 가지고 있는 주주는 이사 보수에 관한 구체적인 내용을 알지 못한 채 사실상 백지 위임을 하고 있다. 이사 보수 결정 과정을 주주가 통제하지 못하면서 매년 지배 주주 일가는 과다하게 많은 보수를 받아 논란이 끊이지 않는다.

대기업 총수 일가는 여러 계열사의 이사를 겸직하며 고액의 보수를 중복 수령한다. 퇴직금 지급률도 지나치게 높게 적용받는다. 비등기 이사는 아예 주주총회 승인 사항인 보수 한도를 적용받지 않는다.

우리나라는 주주총회와 이사회 단계 모두에서 이사의 보수를 통제할 수 있는 장치가 없거나 있어도 허울만 남아 있다.

일반 주주가 이사진의 보수가 적정한지 판단할 수 있도록 이사의 보수 산정 기준과 근거, 방법, 평가 과정, 보상 정책을 구체적으로 공시해야 한다. 평가 구성 요소와 수치, 계산식까지 밝혀야 한다. 보수 결정 주체와 주주총회 결의, 일반 주주의 의견 반영 여부 등도 공시해야 한다.

지배 주주인 이사의 보수를 적정하게 산정하기 위해서 공시의 인적 범위를 확대하고, 계열사에서 받은 보수를 포함해야 한다. 부당하게 과다한 보수를 지급한 경우 환수할 수 있는 절차와 방법도 규정해야 한다.

우리나라도 주식에 기반하여 보수를 책정하는 기업이 늘면서 이사 보수의 적정성을 놓고 논란이 커지고 있다. 법원의 사후 통제는 한계가 있다. 보수 환수 조항을 미리 계약서에 넣어야 한다.

지배 주주와 그의 특수관계인이 보수를 받으면, 등기 여부나 금액의 많고 적음을 따지지 말고 개인별로 보수를 공시해야 한다.

주주 행동주의가 강화하는 시대 흐름에서 이사의 보수를 합리적으로 결정하면, 견제와 균형 원리가 작동하여 일반 주주의 이익을 신장할 수 있다. 이사 보수 결정의 투명성과 적정성이 높아져, 코리아 디스카운트의 주원인인 기업 지배 구조도 개선할 수 있다.

과도한 보수는 후진적 기업 지배 구조의 산물

우리나라 기업에서 총수 일가인 대표이사나 경영진에게 지급하는 과도한 보수는 후진적인 기업 지배 구조에서 나온다.

2020년 대한항공과 호텔신라처럼 회사가 적자가 나면, 직원 월급은 깎고 조원태 회장, 이부진 사장 등 총수 일가의 보수는 인상하는 이해할 수 없는 일은, 지배 주주가 이사회를 장악하기 때문에 일어난다.

기업은 대개 이사 보수 규정을 두고 있다. 기업에 따라 다르지만 대부분 '기업 가치, 지불 능력, 책임과 권한, 동종업계 수준을 종합적으로 고려하여 보수를 책정한다'며 추상적으로 규정하고 있다. 누구에게 얼마나, 어떻게, 왜 지급하는지 알 수 없다.

연차와 직급에 따른 급여 기준표가 있고 성과급 지급 원칙을 세웠지만, 성과급 책정 방법과 특별 성과급 금액은 대개 대표이사가 결정한다.

대표이사가 집행한 급여 지급 내용을 이사회에 보고하고 논의하는 과정은 없다. 총수인 대표이사가 이사 인사권과 보수 결정권을 독점하고, 자신의 보수를 자신이 결정하여 수십억 원에서 수백억 원을 챙긴다. 이사회에서 총수 일가의 보수를 거론하는 것은 금기다. 이는 한국 월급쟁이에게는 상식이다.

2008년 세계를 덮친 금융 위기는 규제·감독으로 통제할 수 없을 정도로 과도한 금융 세계화가 원인이었다. 금융 위기의 발원지인 미국과 유럽의 금융회사는 무모할 정도로 위험한 단기 투자에 몰두했다.

대표적인 예가 미국의 서브프라임 주택 담보 대출이다. 신용 기준을 급격히 낮춘 이 대출 상품은 증권화되어 장외에서 거래되었다. 미국에서 서브프라임 대출은 1990년대에는 전체 주택 담보 대출에서 차지하는 비중이 미미했으나 2006년에는 40%로 증가했다. 주택 경기가 나빠지면서 상환되지 않은 대출금이 금융 위기를 일으켰다.

하버드 로스쿨의 루시안 뱁척 교수는 "투자 은행 전체가 왜곡된 성과급 체계 위에 서 있었고 보상 체계는 결점투성이"라며 "성과급 체계에 따른 보너스를 타 내기 위해 고안한 각종 '머니 게임'을 벌이다가 경영진이 금융 위기를 자초했다"고 진단했다.

성과에 따라 천문학적인 보수를 지급하는 성과급 체계가 금융사 경영진이 과도하게 큰 위험을 추구하게 만들어 금융 위기를 불러왔다는 주장이다. 이때부터 행동주의 펀드는 경영자에게 보수를 과도하게 많이 지급하는 것을 막기 위해 주주 권리를 적극적으로 행사하기 시작했다.

우리나라 기업은 대개 직급과 연공에 따라 지급하는 기준급은 '직무, 경력, 전문성 등을 종합적으로 반영' 하고, 직무 역량 평가 등에 따라 기준급에 가산하는 성과 조정급은 '시장 가치, 기여도 등을 종합적으로 고려하여 책정' 한다고 설명한다.

이는 말뿐이다. 총수 일가에게는 적용하지 않는다. 총수 일가만 승진할 수 있는 상무, 전무, 부사장, 사장, 부회장, 회장 등 직급을 만들어 놓고 직급이 올라가면서 기준급을 대폭 올린다. 직급이 내려가는 경우는 없다.

퇴직금도 마찬가지다. 법적으로 퇴직금은 1년 재직하면 한 달 치 월급을 지급한다. 즉, 법정 퇴직금 배수는 1이다. 재벌 총수 일가는 퇴직금 배수가 일반 직원보다 훨씬 높다. 3배 이상이다. 6배를 지급하는 기업도 있다.

재벌 기업은 대개 퇴직금 배수를 공개하지 않는다. 총수가 받은 퇴직금을 통해 추산해 보면 대한항공은 6, LG와 KT는 5, 코오롱은 4, 삼성은 3.5이다.

연봉이 12억 원인 재벌 총수가 40년 동안 근무했다면 퇴직금은 얼마일까? 1년에 1억 원씩 쌓이므로 40억 원일까? 아니다. 최소 360억 원이 넘는다. 퇴직금 배수가 3 이상이고 계열사 3곳 이상에서 겸직하는 경우가 많기 때문이다.

2018년 이웅열 코오롱 전 회장이 퇴직금으로 410억 원을 받고, 2019년 조양호 대한항공 전 회장은 647억 5천만 원을 받은 것은 퇴직금 배수가 높고 여러 계열사에서 겸직했기 때문이다. 2020년 정몽구 현대차 명예회장이 현대자동차 한 곳에서만 퇴직금으로 527억 3천만 원을 수령한 것은 퇴직금 배수가 높았기 때문이다.

비상장 계열사나 상장 계열사지만 공시가 안 되는 기업에서 받은 퇴직금은 파악할 수도 없다. 총수 일가가 실제로 받은 퇴직금은 더 많을 수 있다는 얘기다.

문제는 또 있다. 같은 회사라 하더라도 총수 일가와 일반 이사의 차이가 너무 크다. 2018년 이웅열 전 코오롱 회장은 코오롱인더스트리에서 퇴직금으로 178억 1,008만 원을 받았다. 같은 날 퇴직한 안태환 코오롱인더스트리 전 대표는 9억 7,122만 원을 받았다. 박한용 전 부사장은 10억 7,637만 원, 최영무 전 부사장은 8억 3,325만 원을 받았다.

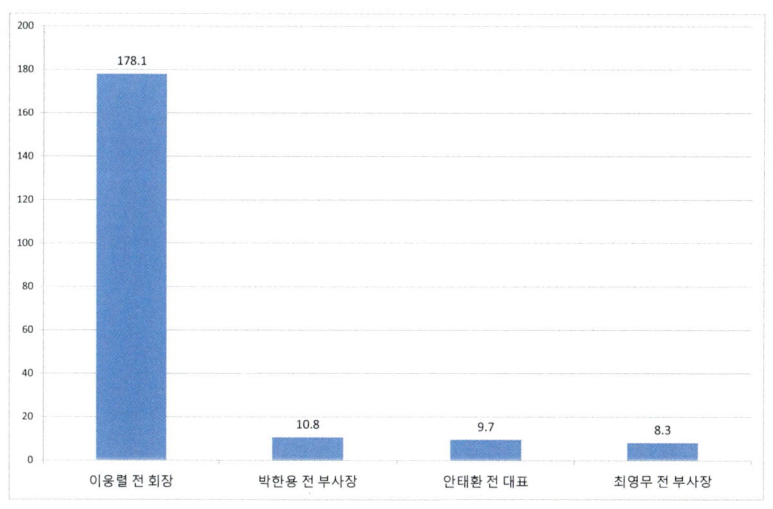

〈코오롱인더스트리 2018년 임원 퇴직금 현황〉(단위: 억 원)[83]

▶ 같은 회사라도 총수 일가와 총수 일가가 아닌 경영진의 퇴직금은 차이가 많이 난다.

---

83) 금융감독원

재벌 총수 일가는 고속 승진을 통해 30세 전후에 임원이 된다. 근무 태도가 불량하거나 스캔들을 일으키거나 실적이 바닥을 쳐도 해고되지 않아 근속 연수는 매우 길다. 몸은 하나인데 여러 계열사에서 이사를 겸한다.

재벌 총수가 다른 산업에 속한 상장사 이사를 여러 개 겸직하는 행태는 선진국에서는 찾아보기 어렵다. 불가피하게 겸직해야 한다면 회사별로 근무 시간을 계산하여 보수를 지급해야 마땅하다. 여러 계열사에서 상근직 보수를 지급하는 것은 직원과 주주의 몫을 빼앗는 짓이다.

국세청 자료에 따르면, 2021년 귀속 기준 퇴직소득자 1인당 평균 퇴직금은 1,501만 원이다. 총수 일가가 직원에 비해 천문학적인 퇴직금을 받는 비결은 재벌 기업의 지배 구조에 있음을 알 수 있다.

성과를 기준으로 경영자에게 적절하게 보상하면 경영진과 주주의 이해관계가 일치할 수 있다. 직급에 따라 보수에 적당한 차이를 두고 역량과 실적에 따라 승진하게 하면 직원 사이에 치열한 경쟁이 일어난다. 이 과정에서 생산성이 높아지고 실적이 향상된다.

재벌 총수 일가는 예외다. 총수 일가는 생산성이나 실적과 관계없이 처음부터 임원으로 입사하여 시간이 지나면서 부사장, 사장, 부회장, 회장이 된다.

총수 일가에게만 지급하는 과도한 급여와 퇴직금, 특별공로금을 적절하게 통제하기 위해서는 이사 보수를 결정할 때 일반 주주가 영향력을 행사해야 한다. 이사의 보수는 직무 대가로서 합리적으로 책정해야 하는데 현재 제도로는 일반 주주가 보수 결정 과정과 결과에 영향력을 발휘하기 어렵다.

직무와 보수 사이 합리적 비례 관계 유지해야

우리나라 대법원은 "상법이 정관이나 주주총회 결의로 이사의 보수를 정하도록 한 것은 사익 도모의 폐해를 방지하여 회사와 주주, 회사 채권자의 이익을 보호하기 위한 것"이라며 "보수와 직무의 상관관계가 상법에 명시되어 있지 않더라도 이사가 회사에 대하여 제공하는 직무와 받는 보수 사이에는 합리적 비례 관계가 유지되어야 하며, 회사 채무 상황이나 영업 실적에 비추어 합리적인 수준을 벗어나서 현저히 균형을 잃을 정도로 과다하여서는 아니 된다"고 판결했다(대법원2016.1.28. 선고2014다11888).

대법원 판결에 따라, 기업은 직무와 보수 사이에 합리적 비례 관계를 유지하고, 회사 채무나 영업 실적에 비추어 합리적인 수준을 벗어나지 않도록 보수 정책을 수립하고 구체적인 정보를 일반 주주에게 제공해야 한다.

보수 정책을 만들 때 기준급을 합리적으로 설계하는 게 가장 중요하다. 기준급은 상여금과 퇴직금, 주식 연계 보상액 등의 지급 기준이 되기 때문이다.

우리나라 기업은 급여 지급액을 직급에 과도하게 의존하도록 설계했다. 총수 일가가 상무, 전무, 부사장, 사장, 부회장, 총괄부회장, 회장으로 승진하면서 급여가 대폭 오르도록 만들었다. 총수 일가는 스스로 직급을 올린다. 자동적으로 보수도 대폭 올라간다.

성과가 좋으면 경영자가 그만큼 보상을 받는 것은 합리적이고 권장해야 할 일이다. 재벌 기업에서 총수 일가만 올라갈 수 있는 직급을 만든 후 승진할 때마다 과도하게 급여를 인상하는 것은 일반 주주를 착취하는 짓이다. 총수 일가라도 동종업계 최고경영자 급여 수준을 넘지 못하게 하고 직원의 급여 상승률과 보조를 맞춰야 한다.

퇴직금 규정도 손을 봐야 한다. 총수 일가는 스스로 승진하면서 퇴직금 배수도 계속 올린다. 재벌 총수가 수백억 원대 퇴직금을 받는 비결이다. 퇴직금 지급 원칙을 정립하고 일반 주주가 통제할 수 있게 해야 한다. 총수가 여러 계열사에서 보수를 중복 수령하는 것도 막아야 한다. 일반 주주 입장에서 볼 때 명백한 이중 수령이다.

총수 일가에게 성과 조건부 주식(Restricted Stock Unit: RSU) 등 주식 연계 보상을 할 때는 구체적인 내용을 밝히도록 해야 한다. 성과 조건부 주식은 주식을 무상으로 지급하기로 약정하지만 근속 연수, 성과 달성 등 특정한 조건을 충족해야만 지급하는 주식을 말한다. 스톡옵션이 나중에 주식을 싸게 살 수 있는 권리를 준다면 성과 조건부 주식은 일정한 조건을 걸고 주식을 무상으로 준다.

선진국에서는 능력 있는 경영자를 초빙하여 회사에 오랫동안 근무하도록 만들기 위해 주식 연계 보상을 활용한다. 실적이 좋을 경우 경영자가 거액을 벌 수 있지만 회사는 큰 비용을 치러야 한다.

성과 조건부 주식을 총수 일가에게 주면 경영권 유지·승계 수단으로 악용할 수 있다. 한국에서 성과 조건부 주식을 제공할 때는 일반 주주도 납득할 수 있을 정도로 근거가 충분하고 과정이 투명해야 한다.

유럽연합, 세이온페이 의무화

상법 제388조는 "이사의 보수는 정관에 그 액을 정하지 아니한 때에는 주주총회의 결의로 이를 정한다"고 명시하고 있다.

우리나라에서 정관에 보수를 정한 기업은 드물다. 주주총회에서 결의할 때도 이사별로 구체적인 보수액을 정하지 않고 전체 이사의 보수 총액 한도만 승인하는 등 형식적으로 운영한다. 이는 상법 제388조의 취지에 어긋난다.

주주총회에서 임원 보수와 관련된 안건에 대해서는 총수 일가 등 이해관계자의 의결권을 제한하고 일반 주주의 권한을 강화해야 한다. 이해가 충돌하기 때문이다. 이사 보수 결정에 일반 주주 권리를 강화하여 합리적으로 보수를 결정하는 세이온페이(Say-on-pay: 보수 심의제)를 도입해야 한다.

세이온페이는 과거의 이사 보수 지급 실적과 미래의 보수 정책을 주주총회에서 표결을 거치도록 하는 제도다.

2003년 영국은 세계 최초로 세이온페이를 도입하여 주주총회에서 과거 보수 지급 실태와 미래 보수 정책을 표결에 부치게 했다. 표결을 거치면서 기업은 주주에게 이사 보수에 관한 상세한 정보를 제공했다.

미래의 보수 정책은 주주의 승인을 받아야 집행할 수 있다. 주주의 승인은 구속력(binding)이 있다. 기업은 주주총회를 열어 보수 정책을 최소 3년마다 결의해야 한다. 과거의 보수 지급 실적 등을 보여주는 보수 보고서는 매년 표결하지만 구속력은 없다(non-binding).

주주총회에서 보수 정책을 승인받지 못하면, 회사는 과거에 승인받은 보수 정책에 따라서만 보수를 지급할 수 있다. 이를 위반하여 회사에 손실이 발생하면, 보수 지급을 승인한 모든 이사는 연대 배상 책임을 져야 한다.

이사가 정직하고 합리적으로 결정했고, 모든 정황을 고려하여 이사의 책임을 면제해야 한다고 판단하는 경우, 법원은 이사 책임을 전부 또는 일부 면제할 수 있다.

프랑스는 매년 과거의 보수 보고서와 미래의 보수 정책 모두 구속력 있는 표결을 거치도록 한다. 유럽에서 가장 강력한 세이온페이 제도를 채택하고 있다.

우리나라도 세이온페이를 도입하여 주주총회에 이사 보수 계획을 자세히 공개하도록 하여 사전에 과도한 보수 지급을 차단해야 한다.

이미 보수를 지나치게 많이 지급한 경우 주주대표소송 등으로 회수해야 한다.

2023년 11월 경제개혁연구소가 공개한 〈세이온페이 법제화 동향과 국내 도입 방안〉에 따르면, 유럽연합(EU) 회원국은 세이온페이를 의무적으로 채택해야 한다. 영국과 호주, 캐나다, 미국 등도 시행하고 있다. 경제협력개발기구(OECD) 49개 국가 중 보수 정책에 '구속력 있는 표결'을 의무화한 나라는 25개국에 달한다.

유럽연합은 상장 회사 주주의 권리 행사와 관련하여 〈주주 권리 지침(Shareholder Rights Directive)〉을 마련하여 2009년부터 시행하고 있다.

2017년 개정한 〈주주권리지침Ⅱ(Shareholder Rights DirectiveⅡ)〉에 따르면, 보수 관련 의안은 보수 정책과 보수 보고서로 나누어 주주총회에서 표결한다. 보수 정책 표결은 구속력이 있고, 보수 보고서 표결은 구속력이 없다. 보수 정책은 최소 4년마다, 보수 보고서는 해마다 주주총회 의안으로 상정해야 한다.

보수 정책이나 보수 보고서 등 주주총회 결의 대상, 표결 구속력, 부결 시 효력과 취해야 할 조치 등에 관하여 세이온페이는 나라마다 다양한 방식으로 운영되고 있다. 보수 정책만은 모든 나라가 주주총회에서 표결을 거치도록 했고 표결은 구속력을 갖는다.

총수 일가 독식 막고, 주주 친화적 보수 정책 수립해야

2025년 1월, 경제개혁연대에 따르면, 2022년과 2023년 주주총회에서 특별 이해관계자의 의결권을 제한한 회사는 8개사에 그쳤다.

2024년 주주총회에서 이사 보수 한도 승인 안건이 가결되었지만 이해관계자 의결권을 제한할 경우 결과가 부결로 바뀌는 회사는 229개사 중에 28개사로 드러났다.[84]

주주총회에서 이루어지는 이사 보수 한도 승인은 문제가 많다. 우선, 보수 산정 기준과 한도 설정 근거를 알기 어렵다. 경영 성과와 이사의 보수가 어떻게 연동되는지 알 수 없고 과도하게 높은 한도로 승인받는 경우도 많다. 실제 지급 규모를 예측하기도 쉽지 않다. 증액하는 경우 사유를 공시하는 회사는 거의 없다.

세이온페이를 도입하면, 기업은 주주에게 이사의 보수에 관하여 충분한 정보를 제공하고 주주총회에서 승인을 받아야 한다. 과거 보수의 수준, 계획 대비 집행 실태와 미래의 보수 정책, 수준 등을 상세하게 공시해야 한다.

주주는 과거의 보수와 미래의 보수가 어떻게 결정되었는지 알 수 있고 미래의 보수도 추산할 수 있다. 성과 연동 보수 비율을 높이면 과도하게 높은 이사의 보수를 합리적으로 조정할 수 있다.

기업 대부분은 주주총회 소집 공고에 한두 페이지짜리 정보만 올

---

84) 경제개혁연대, "2025년 정기주주총회 안건 상정 시 고려할 사항1", 2025.1.17

리고 이사 보수 한도를 투표로 결정했다. 이제는 세이온페이를 도입할 때이다.

세이온페이를 채택하여 과거의 보수 집행 실태와 미래의 보수 정책을 일반 주주에게 자세하게 알려주어야 한다. 총수 일가의 이익 독식을 막고, 주주 친화적인 보수 정책을 수립해야 한다.

한국 실정에 맞게 기준급을 정할 때 직급 의존도를 어떻게 조정할지, 계열사에서 이중으로 보수 받는 것을 허용할지, 높은 퇴직금 배수를 어느 정도 내릴지, 지배 주주가 비등기 이사로 높은 보수를 받는 것을 제한할지에 관해 상세하게 규정해야 한다. 주식 보상을 실시한다면 기준과 구체적 계약 내용을 정하고, 이사가 불법 행위를 저질러 회사에 손해를 끼치는 경우 처리 방법과 절차도 보완해야 한다.

재벌 기업은 주가가 크게 떨어져도 경영자가 책임을 지는 경우는 거의 없었다. 일반 주주만 손해를 보았다. 세이온페이로 지속가능한 장기 성과에 기반하여 이사의 보수에서 성과급 비중을 대폭 확대하면 코리아 디스카운트를 해소하는 데 큰 도움이 될 수 있다.

05.
한국에만 있는 경영권 프리미엄 해소를 위한 의무공개매수

85)

▶ 인수 금액이 커지더라도 역량 있는 기업가가 설득력 있는 수익 창출 전략을 제시하면 투자자는 차고 넘친다. 일론 머스크가 설립한, 우주 탐사 기업 스페이스X와 트위터에 투자한 미래에셋이 대표적이다.

---

85) 픽사베이

삼성전자, 하만 인수 시 지분 100% 매입

의무공개매수제는 상장사 인수·합병 시 지배권을 확보할 정도로 주식을 취득할 경우, 지배 주주 지분뿐 아니라 일반 주주 지분도 일정 비율 이상을 공개 매수로 취득하도록 강제하는 제도다.

의무공개매수제를 도입하면 지배 주주가 바뀌는 인수·합병 과정에서, 이를 찬성하지 않는 일반 주주도 새 지배 주주에게 주식을 매각하여 투자금을 회수할 수 있다.

금융위원회에 따르면, 2021년을 기준으로 기업 결합은 주식양수도 유형이 84.3%를 차지했다. 이어서 영업양수도 13.8%, 합병 1.9% 순이다. 기업 인수·합병은 대다수가 주식양수도 방식이라는 사실을 알 수 있다.

우리나라 상법은 영업양수도와 합병 방식의 인수·합병에는 주주총회 특별 결의 요구, 주식 매수 청구권 부여 등 일반 주주 권리를 보호하는 규정을 두고 있다.[86]

주식양수도를 통한 인수·합병도 경영권이 바뀐다는 점은 다른 유형과 동일하지만, 주주 보호 장치는 미약하다. 인수·합병을 반대하는 일반 주주는 투자금을 회수하거나 경영권 프리미엄을 누릴 수 없어, 의무공개매수제를 도입해야 한다는 주장이 지속적으로 나왔다.

---

86) 금융위원회, "주식양수도 방식 경영권 변경 시 일반투자자 보호방안 세미나」개최 및 방안 발표" 보도자료, 2022.12.21

선진국은 대부분 의무공개매수제를 시행하고 있다. 유럽연합과 영국에서는 인수자가 인수 대상 기업 주식을 25~33% 이상 취득하는 경우, 나머지 주주가 보유한 주식을 전부 매수해야 한다. 일본은 3분의 1을 초과하여 주식을 취득할 경우 공개 매수하여야 한다. 3분의 2를 초과하여 취득하려면 나머지 주주가 보유한 모든 주식을 매수해야 한다.

미국은 의무공개매수제를 입법화하지 않았지만 독립적인 이사회와 민사소송 등으로 일반 주주 이익을 보호한다. 우리나라와 달리 이사는 일반 주주에게도 충실 의무를 진다. 주주 대표 소송, 집단 소송 등이 활발하여 일반 주주 권리를 충분하게 보장한다.

경영권을 거래할 때도 공개 매수를 통해 자발적으로 지분을 100% 인수하는 경우가 많다. 2017년 삼성전자가 미국 자동차 전기·전자 장비 기업인 하만(Harman)을 인수할 때도 지분을 100% 매입했다.

〈국가별 의무공개매수제 현황〉[87]

국가	매수 요건	매수 대상	매수 가격
유럽연합	일정 비율 이상 취득 시 (비율은 회원국이 결정. 독일, 프랑스 30%, 이탈리아 25%)	잔여 주주가 보유한 주식 전체	경영권 프리미엄 적용 가격
영국	30% 이상 취득 시	잔여 주주가 보유한 주식 전체	
일본	1/3 초과 취득 시	해당 주식 공개 매수	
	2/3 초과 취득 시	잔여 주주가 보유한 주식 전체	

한국에만 있는 경영권 프리미엄

경영권 프리미엄은 기업 경영권을 확보할 수 있는 지분에 붙는 웃돈을 가리킨다. 인수·합병을 시도하는 기업은 대개 인수되는 기업의 지배 주주 지분만 시세보다 높은 가격으로 사들인다. 소수 주주에게서 추가로 지분을 인수할 유인이 없기 때문이다.

2024년 9월 13일, 영풍은 사모펀드인 엠비케이(MBK)파트너스와 손잡고 고려아연의 이사진을 교체하여 경영권을 장악하기 위해, 고

---

[87] 금융위원회, "주식양수도 방식 경영권 변경 시 일반투자자 보호방안 세미나」 개최 및 방안 발표" 보도자료, 2022.12.21

려아연 주식을 1주당 66만 원에 공개 매수하겠다고 선언했다. 9월 26일에는 공개 매수 가격을 75만 원으로 올렸다. 10월 4일에는 다시 83만 원으로 올렸다. 고려아연은 비철금속 제련 업계 세계 1위 기업이지만 주가는 수년 동안 40~50만 원대 박스권에 갇혀 있었다.

2024년 9월 27일, 영풍 강성두 사장은 "공개 매수 비용은 길게는 10년 후 매각을 고려하여 정했다. 그때 경영권 프리미엄을 붙여 팔면 투자비를 충분히 보전할 수 있다"고 밝혔다. 지금 주식을 70~80만 원대에 공개 매수하여 시세보다 비싸지만, 경영권을 확보한다면 나중에 매각할 때 경영권 프리미엄을 받을 수 있어 손해가 없다는 의미다.

일반적으로 지배 주주 간에 경영권을 거래할 때 인수 대상 기업의 지배 주주는 웃돈을 받을 수 있지만 일반 주주는 배제되었다. 경영권을 쥐고 있는 대주주 지분만 매도자와 매수자가 직접 증권과 대금을 교환하는, 장외 거래를 통해 거래하기 때문이다.

한국은 경영권 프리미엄이 만연한 나라다. 경영권 프리미엄은 쉽게 말해 권리금이다. 선진국 중에서 경영권을 재산으로 쳐주는 나라는 한국이 유일하다.

경영권 프리미엄으로 지배 주주는 자신의 지분은 웃돈을 붙여 팔 수 있다. 자녀에게 기업을 물려줄 경우 주가가 오르면 상속세도 덩달아 높아진다. 지배 주주가 주가는 부양하지 않고 경영권 방어에만 신경 쓰는 이유다.

지배 주주가 웃돈을 받고 경영권을 팔았다는 것은 그동안 경영권을 악용하여 큰 몫을 챙겨 왔다는 방증이다. 새 지배 주주가 웃돈을 지불하고 경영권을 샀다는 것은 앞으로 경영권을 악용해 사적 편취 등으로 부당한 이익을 챙기겠다는 계산이다. 지배 주주의 사적 편취는 코리아디스카운터의 주범이다.

유럽이나 미국에는 경영권 프리미엄이라는 용어가 아예 없다. 대주주 지분만 웃돈을 지불하고 사는 게 불가능하기 때문이다. 선진국은 대부분 지배 주주 주식과 일반 주주 주식을 다른 가격에 살 수 없도록 강제한 의무공개매수 제도를 두고 있다.

독일은 기업을 인수하기 위해 지분을 30% 이상 매입할 경우 모든 주주를 대상으로 공개 매수를 해야 한다. 공개 매수 가격은 6개월 내 최고가이다.

경영권 프리미엄, 평균 33%

우리나라는 그동안 지배 주주가 소유한 지분은 경영권 프리미엄을 붙여 높은 가격에 팔리고, 일반 주주 지분은 같은 가격을 받지 못하는 사례가 흔했다.

2016년 3월 18일, 미래에셋증권은 대우증권 지분 43%를 인수하면서 지배 주주에게는 주당 1만 6,518원을 지불했다. 이 금액은 3월 17일 종가인 8,640원과 비교하면 1.91배 높았다. 경영권 프리미엄으로 91%를 쳐 주었다는 애기다.

2016년 4월 1일, KB금융은 현대증권 지분 22.56%를 1조 2,375억 원에 매입했다. 매입가는 주당 2만 3,182원이었다. 3월 31일 현대증권 종가인 6,870원보다 3.4배 비쌌다. 경영권 프리미엄으로 주당 1만 6,312원을 붙여 주었다.[88]

2021년 10월 25일, 사모펀드(PEF)인 아이엠엠프라이빗에쿼티(IMM PE)는 한샘 창업주와 특수관계인 지분 27.7%를 주당 22만 2,550원에 사들였다. 한샘의 같은 날 종가는 11만 6,500원이었다. 경영권 프리미엄이 91%였다.

KCGI자산운용은 2024년 8월 2일, 한양증권을 인수하기 위해 지배 주주 지분 29.6%를 주당 6만 5,000원에 인수한다고 공시했다. 공시 당일 한양증권 종가는 1만 5,580원이었다. KCGI가 제안한 인수가는 종가의 4배가 넘었다. 경영권 프리미엄이 317%나 되었다.[89]

2024년 12월 6일, 홍콩계 사모펀드 어피너티에쿼티파트너스(Affinity Equity Partners)가 롯데렌탈 지분 56.2%를 주당 77,115원으로 인수하는 계약을 체결했다. 그날 종가 33,350원보다 2배 넘는 경영권 프리미엄을 지불했다. 나머지 주주는 거래소를 통해 3만 원대에 머물러 있는 시가에 매각할 수밖에 없었다.[90]

---

88) 연지연, "뿔난 현대증권 소액주주 3배나 싼 교환가 납득 못해", 조선비즈, 2016.8.5
89) 이승용, "한양증권 인수전에서 드러난 강성부의 내로남불", 시사저널e, 2024.9.4
90) 심아란, "소액주주는 눈물"…어피니티, 롯데렌탈 시가 2배 쳐줬다", 헤럴드경제, 2024.12.6

금융위원회가 2020~2021년 발생한 주식 양수·양도 방식 인수·합병 7건을 분석한 결과, 경영권 프리미엄은 평균 33%였다.

〈지배 주주에게 지불하는 대표적 경영권 프리미엄 사례〉 (단위: 원)

인수 기업	피인수 기업 지배 주주 1주당 지불액	거래 직전 주가	프리미엄
미래에셋증권	16,518	8,640	1.91배
KB금융	23,182	6,870	3.37배
IMM PE	222,550	116,500	1.91배
KCGI	65,000	15,580	4.17배
Affinity Equity Partners	77,115	33,350	2.31배

의무공개매수, 100%까지 확대해야

2024년 10월, 김병환 금융위원회 위원장은 인수·합병 과정에서 일반 주주를 보호하기 위해 의무공개매수제를 도입해야 한다고 밝혔다. 그는 경영권을 확보할 정도로 지분을 인수하려면 전체 주식의 반수 이상까지 경영권 프리미엄을 반영한 가격에 사들이도록 하는 '50%+1주' 방식을 제시했다.

김 위원장은 "인수·합병 시장 활성화와 소액주주 보호, 기업 상장 폐지 등을 종합적으로 고려할 때 주식의 반수 이상을 공개 매수하도록 강제하는 방안이 적합하다"고 밝혔다.

금융위원회 방안에 따르면, 의무공개 매수자는 전체 주식의 50%+1주에서 경영권 변경 지분 취득분을 뺀 주식만 공개매수 의무를 부담한다.

인수·합병을 통해 새롭게 주식을 25% 이상 보유하거나, 25% 미만 보유 주주가 주식을 추가 취득하여 25% 이상을 보유하는 최대 주주가 되는 경우, 일부 잔여 주주를 대상으로 공개매수 의무를 진다.

김병환 위원장이 '50%+1주' 방안을 제시한 것은 인수·합병 시장이 위축될 수 있다는 사모펀드 등 업계의 목소리 때문이다. 사모펀드 업계는 지분 100%를 인수해야 한다면 인수 금액이 너무 많아 인수·합병이 일어나기 어렵기 때문에, 최대 주주 지분은 다 매입하지만 잔여 주식은 일부만 인수하도록 해야 시장이 위축되지 않는다고 주장한다.

2025년 1월, 국회에서 열린 '주식시장 선진화를 위한 자본시장법 개정 토론회'에서 이상훈 경북대 교수는 "인수·합병 시도가 있으면, 인수 대상 기업 총수는 지분을 100% 사라고 요구하여 의무공개매수제를 방패막이로 쓸 수 있고, 총수가 인수하고 싶을 때는 계열사를 동원할 수 있다"며 "이사의 주주 충실 의무가 없는 우리나라에서 의무공개매수제를 도입하면 대기업에 경제력이 집중될 수 있다"고 우려했다.

이 교수는 미국은 의무공개매수제가 없지만 이사의 주주 충실 의무가 있어 인수·합병 시 인수 기업이 스스로 나머지 지분을 인수한 다고 주장했다.

김우찬 고려대 경영대 교수는 "의무공개매수제를 실시하면 경영권 프리미엄이 줄어, 인수 비용이 과도하게 증가하지 않는다"고 반박했다. 김 교수는 의무공개매수제 물량을 50%+1주에서 100%로 올려야 하고 매수 제의 가격도 최근 1년간 최고가로 해야 한다고 강조했다.

실제로 김 교수는 2023년 11월, '기업의 주주권과 경영권'을 주제로 열린 세미나에서, 1980~2022년 의무공개매수제를 도입한 41개국의 지배권 인수 1,421건을 조사한 결과, 제도 도입 이후 경영권 프리미엄이 20% 포인트 감소하고, 경영권 인수자의 사익 편취 위험은 6% 포인트 감소했다고 공개했다.

잔여 주주가 보유한 주식 모두를 인수하게 할 경우 인수 금액이 커져 인수·합병 시장이 위축된다는 주장은 설득력이 약하다. 대주주만 누리는 과도한 프리미엄이 줄면 전체 비용이 감소하고, 인수 자금을 인수 기업의 신용·자산이 아니라 피인수 회사의 자산을 담보로 빌리는 차입매수(Leveraged Buyout: LBO)가 가능하기 때문이다.

금융위원회가 '50%+1주' 방안으로 일반 주주 지분의 일부만 공개매수를 의무화하려는 것은 인수 대금이 높아지면 인수·합병 시장이 위축된다는 우려 때문이다. 학계와 금융계는 이를 실증적으로 뒷받침하는 증거는 아직 없다고 주장한다.

2023년 1월, 엠비케이(MBK)파트너스의 오스템임플란트 인수도 의무공개매수제가 도입되면 기업 인수 시장이 위축될 거라는 금융위원회의 우려가 기우라는 사실을 잘 보여준다.

MBK는 일반 주주에 대한 공개매수 가격을 대주주 지배권 인수가와 동일하게 주당 19만 원으로 정하고, 일반 주주가 보유한 지분 전량을 공개 매수하겠다고 제안했다. 이러한 거래가 자발적으로 이루어졌다는 사실은 의무공개매수제를 도입해도 거래가 위축되지 않을 거라는 예측을 뒷받침한다.

인수 대금이 커지더라도 역량 있는 기업가가 설득력 있는 수익 창출 전략을 제시하면 투자자는 차고 넘친다. 일론 머스크가 설립한 우주 탐사 기업 스페이스X와 X(구 트위터)에 투자한 미래에셋이 대표적이다. 미래에셋은 2022년부터 스페이스X에 2억 7,800만 달러를 투자했다. 미래에셋은 머스크가 트위터를 인수할 때도 3,000억 원을 댔다.

2022년 12월, 금융위원회가 주최한 세미나에서, 이창환 얼라인파트너스자산운용 대표는 "코스닥 시장에서 횡행하는 무자본, 약탈적 인수·합병을 막기 위해서라도 의무공개매수 범위를 100%까지 확대할 필요가 있다"고 주장했다.

이 대표는 "의무공개매수제를 시행하는 유럽은 우리나라보다 인수·합병이 활발하다"며 "제도를 도입하여 주가가 정상화되면 자금 조달이 쉬워 인수·합병 시장이 활성화할 것"이라고 전망했다.

2024년 2월, 김수현 DS투자증권 리서치센터장은 "공개 매수에 응한 물량이 50%+1주를 초과할 경우 일반 주주 피해는 불가피하다"고 지적했다.

김 센터장은 "50% 초과분에는 주식 매수 청구권을 행사할 수 없다. 대주주 지분이 25%라면 나머지 주주 지분 중에 25%+1주가 공개 매수 대상이다. 공개 매수 신청 규모가 총 지분의 50%라면 접수 물량의 절반 정도만 사들이면 된다"고 설명했다.[91]

인수자는 의무공개매수제를 피하기 위해 25% 미만으로 지분을 인수한 후 자사주를 매입하여 최대 주주가 되는 등 꼼수를 쓸 가능성이 있다. 25% 미만으로 경영권 지분만을 인수하면 나머지 지분은 의무 매수 대상이 아니기 때문이다. 25% 미만 지분으로 대주주가 되더라도 사실상 최대 주주 역할을 한다면 의무공개매수제를 적용해야 한다.

의무공개매수제는 지배 주주와 일반 주주 모두 경영권 프리미엄을 누리게 하여 주주 평등을 실현한다. 기업을 인수할 때 주식을 전량 인수하게 강제하면, 부분 인수를 통한 피라미드식 출자와 출자사·피출자사의 이중 상장을 억제할 수 있다.

사익 편취 감소, 주주 평등주의 실현

우리나라는 인수하려는 기업의 지배 주주가 피인수기업의 지배

---

91) 백지현, "한국판 기업밸류업 성공하려면, 100% 의무공개매수 필요", 비즈워치, 2024.2.5

주주와 불투명한 거래로 지분을 일부만 매입하여 기업을 인수한 후, 핵심 자산을 매각하거나 기술을 유출하여 이익을 실현하는 '약탈적 기업 인수'가 종종 일어났다. 이 과정에서 인수된 기업의 일반 주주는 큰 손실을 보았다.

의무공개매수 제도를 도입하면 일반 주주도 경영권 변경 과정에서 소외되지 않고 주식을 매각하여 투자금을 회수할 수 있다. 지배 주주와 동일하게 경영권 프리미엄도 누릴 수 있어 주주 평등주의를 실현할 수 있다.

50%+1주 방안을 채택하면 지배 주주는 프리미엄을 얹어 지분을 모두 매각할 수 있지만, 나머지 주주는 일부만 매각할 수 있다. 나머지 주주는 주식을 팔기 위해 서로 경쟁해야 한다.

전체 주식을 공개 매수하게 강제하면 인수자는 경영권 프리미엄을 자발적으로 낮춘다. 프리미엄이 낮으면 인수 후 이를 회수하기 위한 사익 편취가 감소한다.

의무공개매수제는 코리아 디스카운트에서 벗어나 코리아 프리미엄으로 도약하는 데 큰 역할을 할 것이다.

참고 자료 |

이 책 집필에 자양분을 공급한 명저를 소개합니다.
저자께 깊이 감사드립니다.

박상인, 〈코스피 5000 시대를 위한 기업 밸류업〉, 세창미디어, 2025

박상인, 〈재벌 공화국〉, 세창미디어, 2022

천준범, 〈거버넌스 트렌드 2025〉, 이스터에그, 2025

이관휘, 〈이관휘의 자본시장 이야기〉, 어크로스, 2023